Comercio de criptomonedas:

La guía definitiva para que los principiantes comiencen a invertir en Bitcoin, Ethereum, Litecoin y Altcoins en 2021 y más allá. Crear riqueza con minería y mejores estrategias en Blockchain

Tabla de Contenidos

Introducción

Quiero agradecerle y felicitarle por haber descargado el libro, *"Comercio de criptomonedas – La guía definitiva para que los principiantes comiencen a invertir en Bitcoin, Ethereum, Litecoin y Altcoins en 2021 y más allá. Crear riqueza con minería y mejores estrategias en Blockchain"*.

En los últimos años, es posible que haya oído hablar de las palabras "criptomoneda", "bitcoin", "blockchain" y "minería" y se haya preguntado qué significan. Pues bien, estos términos han sido omnipresentes en Internet, apareciendo en plataformas de medios sociales, sitios web y anuncios en línea.

Las criptomonedas están aquí y es muy probable que se queden. De hecho, se consideran excelentes oportunidades de inversión en un mercado altamente volátil.

En este libro, aprenderá sobre su historia, beneficios e inconvenientes, y por qué sigue ganando popularidad en los mercados de todo el mundo. Aprenderá sobre la compra y venta de criptodivisas, la apertura y el mantenimiento de cuentas, y todo lo que necesita saber como principiante.

Además, tiene algo muy bueno para los traders más experimentados. Incluso si usted cree que ya sabe todo lo que hay que hacer en el comercio, se sorprenderá al descubrir nuevas tendencias y desarrollos. Este libro no sólo es ideal para los operadores de criptodivisas principiantes, sino también para los experimentados.

Este libro le dará una buena visión de cómo comerciar, minar e invertir. También le dará indicaciones sensatas sobre cómo hacer las inversiones correctas. Sabrá cómo elegir el método de inversión adecuado para poder identificar su nivel de riesgo preferido. Aprenderá a maximizar los beneficios minimizando los riesgos.

Aprenderá a realizar un plan de trading personalizado, así como a crear una máquina de minería. En esencia, usted será capaz de hacer suposiciones inteligentes en el futuro de cryptocurrencies.

Entonces, ¿a qué esperas todavía? Aprovecha el día de hoy y empieza a conocer el oro digital del futuro.

Gracias de nuevo por descargar este libro, ¡espero que lo disfrutes!

Capítulo 1: Introducción al comercio de criptomonedas

El trading siempre ha sido rentable. Quienes se dedican a este tipo de oportunidades para ganar dinero suelen comprar y vender instrumentos financieros como acciones, fondos de inversión, derivados, materias primas y bonos. Sin embargo, recientemente ha surgido un nuevo tipo de comercio: el comercio de criptomonedas.

El comercio de criptomonedas es una forma única de comercio. Aunque es bastante nuevo en el mercado, es legítimo. Una vez que entienda cómo funciona, se sentirá seguro de operar con ella. Hoy en día, encontrará una variedad de plataformas que ayudan a las personas a empezar a operar con criptodivisas.

Por supuesto, como principiante, puede sentir dudas y vacilaciones al principio. Puede pensar que es una estafa o que no tiene ningún valor real. Mucha gente piensa y se siente así. Algunos piensan que muchos países no reconocerán la criptodivisa, por lo que no tiene sentido hacer inversiones. Otros piensan que el comercio de criptodivisas es simplemente una moda pasajera que se desvanecerá en pocos años.

Sin embargo, estas suposiciones negativas son incorrectas. De hecho, las mayores economías del mundo reconocen a Bitcoin como moneda oficial. India, Japón y Estados Unidos son sólo algunos de los principales países que consideran la criptodivisa como un activo.

Entonces, ¿qué es exactamente el comercio de criptomonedas?

¿Qué es el comercio de criptomonedas?

El comercio de criptodivisas se refiere a la tenencia, compra o venta de criptodivisas como Litecoin, Ethereum, Ripple y Bitcoin, entre otras, con el fin de generar un beneficio de sus fluctuaciones de precios. Quienes se dedican al comercio de criptodivisas suelen operar en plataformas e intercambiar moneda fiduciaria, incluidos el dólar estadounidense (USD) y el euro (EUR), por criptodivisas. También suelen cambiar una determinada criptodivisa por otra.

Cuando se adentra en el comercio de criptodivisas, tiene que aprender a especular con los movimientos de precios de las criptodivisas utilizando una cuenta de comercio de contrato por diferencia (CFD). También tiene que saber cómo utilizar un intercambio para comprar y vender monedas subyacentes. Con el comercio de CFD, puede especular sobre la subida y la bajada de los precios en los mercados financieros, incluidas las divisas.

La negociación de contratos por diferencias (CFD) implica la utilización de derivados. Puede hacer sus especulaciones sobre los movimientos de los precios sin obtener la propiedad de las monedas. Así, por ejemplo, si cree que una criptodivisa en particular va a aumentar su valor, puede comprar o ir en largo. Por otro lado, si cree que dicha criptodivisa va a perder valor, puede vender o ponerse en corto.

Tenga en cuenta que se trata de productos apalancados. Por lo tanto, sólo tiene que poner un margen o un pequeño depósito para adquirir una exposición completa al mercado. Todas sus pérdidas y beneficios seguirán calculándose en función del tamaño total de su posición. El apalancamiento magnificará las pérdidas y los beneficios.

Cuando se trata de utilizar un intercambio para comprar y vender criptodivisas, hay que crear una cuenta de intercambio para comprar las monedas. Tiene que poner el valor total del activo para abrir una posición. A continuación, debe mantener los tokens de criptodivisas en su cartera hasta que esté listo para venderlos.

Es crucial seguir aprendiendo cuando se trata de intercambios, ya que tienden a venir con curvas de aprendizaje empinadas. Hay que entender los datos y conocer los límites de los depósitos. Además, hay que tener en cuenta que el mantenimiento de la cuenta puede ser muy costoso.

Mercados de criptomonedas

Los mercados de criptomonedas están realmente descentralizados. Esto significa que no están respaldados por el gobierno ni por ninguna otra autoridad central. Se gestionan en línea a través de una red de ordenadores. No obstante, pueden comprarse y venderse a través de intercambios y almacenarse en carteras digitales.

Las criptomonedas también existen simplemente como registros digitales compartidos de propiedad que se almacenan en una cadena de bloques. Esta cadena de bloques es un registro compartido de datos grabados. Básicamente muestra el historial de transacciones y revela cómo cambia la propiedad de las criptodivisas. Registra las transacciones en bloques.

Así, si desea enviar algunas criptodivisas a un amigo o socio comercial, puede enviarlas a su cartera digital. Su transacción solo puede completarse una vez que se verifique y se añada a la cadena de bloques mediante la minería.

Términos más utilizados en el comercio de criptomonedas

Los operadores experimentados están familiarizados con las palabras, expresiones y términos que se utilizan habitualmente en el mundo del trading. El análisis fundamental y técnico, los niveles de resistencia y soporte, las bandas de Bollinger y el swing trading son algunos de los términos más utilizados.

Para que le vaya bien en el trading, tiene que familiarizarse con estas palabras. De este modo, no le resultará difícil practicar sus estrategias. Con el comercio de criptomonedas, tiene que saber lo siguiente:

Tecnología criptográfica y de cadena de bloques asociada

Blockchain se refiere a un tipo especial de tecnología de software sobre la que se construyen las criptomonedas. Utiliza una red de nodos informáticos entre pares para verificar la propiedad y las transacciones de las criptodivisas.

La criptografía se utiliza en el proceso de verificación. Implica el uso de fórmulas matemáticas complejas y es la base de los nombres de las criptomonedas.

Los nodos se refieren a los ordenadores de la red que ejecutan programas de software. Hay nodos especializados que resuelven problemas de criptografía y se utilizan para asegurar las transacciones. Estos nodos especializados también reciben unidades de criptodivisas recién acuñadas. También se les conoce como mineros, ya que extraen nuevas unidades de criptodivisas.

Fichas y monedas

Los tokens y las monedas también se denominan comúnmente tokens de utilidad. Se utilizan para comprar y vender diferentes tipos de servicios y bienes como alternativa a las monedas fiduciarias tradicionales. Estas monedas fiduciarias incluyen la libra, el yen, el euro y el dólar.

Bitcoin es en realidad la primera criptodivisa presentada al público. Es un ejemplo de criptodivisa de moneda. Otras monedas como Litecoin y Bitcoin cash también son criptodivisas de moneda.

Debido a la "bifurcación dura" de la cadena de bloques de Bitcoin, surgió

Bitcoin cash. Al menos el cincuenta y uno por ciento de los nodos que componen una blockchain deben ponerse de acuerdo juntos para implementar un cambio para que el software de la blockchain o el protocolo subyacente se realice.

Esta bifurcación dura en un blockchain se creó cuando algunas partes de la red Bitcoin deseaban realizar cambios técnicos pero no tenían la mayoría del cincuenta y uno por ciento necesaria. No obstante, siguieron adelante con el cambio de protocolo. Pensaron que esto haría que la cadena de bloques fuera más efectiva. Como resultado, sin embargo, se creó el hard fork.

Esto significa que la blockchain se dividió en dos monedas. Una de ellas rechazó los cambios mientras que la otra los aprobó. Bitcoin cash surgió cuando la parte de la blockchain que tenía los cambios se convirtió en una nueva criptodivisa.

Una bifurcación se crea cada vez que se actualiza un blockchain de la criptodivisa. Una bifurcación dura, por otro lado, se crea cuando un lado de esta bifurcación se continúa como una criptodivisa independiente y nueva.

También debe conocer las Altcoins, que se refiere a las otras criptodivisas. Estas son todas las criptodivisas que no son Bitcoin. En esencia, son las alternativas a Bitcoin.

Tenga en cuenta que los tokens de criptomoneda no están destinados a ser utilizados de la misma manera que las monedas tradicionales. Están conectadas a blockchains, por lo que tienen una función específica. Dicha función puede ser una blockchain de contratos inteligentes como la de Ethereum, que se utiliza en la construcción de aplicaciones descentralizadas llamadas Dapps, así como blockchains de pago como Ripple. En cuanto a los tokens, se utilizan para pagar las plataformas de blockchain de propósito único.

Las reglas que se basan en el software se conocen como contratos inteligentes. Si se combinan de forma compleja y diferente, se pueden utilizar para crear aplicaciones, al igual que las aplicaciones de software. Sin embargo, se aplican y verifican a través de blockchain entre pares. Por ello, las aplicaciones que crean se llaman Dapps o aplicaciones descentralizadas.

Capítulo 2: Datos básicos sobre la criptomoneda

El Bitcoin también es conocido por mucha gente como "oro líquido". Aunque el dinero, por sí mismo, no tiene un valor intrínseco, sigue siendo valioso. Esto se debe a que pensamos que lo es. En realidad, el dinero es sólo un sistema de seguimiento. Se utiliza para registrar las cosas que debemos y poseemos. Es básicamente un libro de contabilidad. Así que, cualquiera que sea la forma monetaria que exista, se le da valor debido a su funcionalidad como sistema de seguimiento o libro de contabilidad.

Durante más de cinco mil años, el oro ha sido el principal medio de intercambio. Luego llegaron las monedas de metal y el papel moneda. El oro se utilizaba para respaldar el papel moneda y debía guardarse en el banco. Así, si alguien tenía que ir al banco para que le cambiaran su dinero por oro, podía hacerlo. Esta fue la norma hasta 1971, cuando el ex presidente de los Estados Unidos Richard Nixon abandonó el patrón oro. El dólar estadounidense quedó entonces desvinculado del oro.

Estados Unidos fue el primer país en hacerlo, pero otros países pronto hicieron lo mismo. Los gobiernos del mundo pudieron imprimir todo el papel moneda que fuera necesario porque ya no era necesario el oro para respaldarlo. Los bancos empezaron a prestar entre cinco y diez veces el dinero que tenían los titulares de las cuentas. Esto hizo que circulara más dinero. Este dinero es lo que se conoce como dinero "fiat".

Aunque esto pudo sonar muy bien, en realidad no fue así. Cuanto más dinero fiduciario se imprimía, menos valor tenía. El dinero fiduciario se utilizaba normalmente para financiar guerras, pagar deudas y evitar recesiones. Su valor disminuía cada año.

El oro, en cambio, tiene valor debido a su escasez. La oferta es limitada y es muy difícil de minar. De hecho, el oro ha sido el mejor libro de contabilidad hasta que aparecieron el blockchain y el Bitcoin. Sin embargo, el oro también es difícil de enviar, almacenar y dividir. Por lo tanto, no se puede utilizar para vender y comprar a diario.

Por ello, la gente empezó a recurrir a las criptodivisas, como el Bitcoin. A diferencia del oro, este tipo de dinero es fácil de enviar, almacenar y dividir.

Las características del dinero

En realidad, el dinero tiene cinco características: escasez, divisibilidad, transportabilidad, durabilidad y recognoscibilidad.

El dinero fiduciario no escasea, pero el oro y las criptomonedas sí. Se puede imprimir más dinero fiduciario, pero sólo puede haber 21 millones de Bitcoins. Esto hace que el valor del dinero fiduciario sea cada vez menor con el tiempo.

Tanto el dinero fiduciario como las criptomonedas son divisibles, pero el oro no lo es. No es posible pagar productos básicos con oro. Asimismo, tanto el dinero fiduciario como las criptomonedas son transportables. Se puede transferir dinero fiduciario a través de sistemas de dinero electrónico y se pueden enviar criptodivisas como archivos digitales a otros monederos. El oro, en cambio, no puede enviarse fácilmente al extranjero en grandes cantidades.

Tanto el oro como las criptomonedas son duraderos. Ni siquiera es posible destruir los Bitcoins. En cuanto al dinero fiduciario, sólo las monedas son duraderas. Los billetes no lo son, porque hay que reimprimirlos cada año.

En cuanto a la recognoscibilidad, depende realmente de dónde se utilice el dinero fiduciario. Por ejemplo, una moneda concreta puede considerarse reconocible si se utiliza en un país determinado y todo el mundo la reconoce. En cambio, si no es muy conocida y hay que pagar con otra moneda, no puede considerarse reconocible.

Por ejemplo, si viaja al extranjero y utiliza la moneda de ese país, podrá desplazarse fácilmente si toda la gente de allí reconoce ese dinero. Podrá comprar comida, reservar habitaciones de hotel, ir de compras y visitar lugares turísticos. No será necesario que utilice la moneda de su país.

El oro puede ser tanto reconocible como irreconocible. Hay países a los que les gusta su relativa seguridad. Sin embargo, aunque así sea, el oro sigue sin ser aceptado como medio de pago en muchos lugares. Puede que no sea fácil fabricar oro falso, pero tampoco es fácil reconocer el oro real cuando se lo entregan.

El Bitcoin es reconocible. De hecho, ahora es aceptado por muchos comerciantes diferentes como medio de intercambio. Puede obtenerlo desde su monedero Bitcoin para pagar bienes y/o servicios. Lo mejor de Bitcoin es que no puede ser copiado ni falsificado.

Dicho esto, se puede decir que Bitcoin es similar al oro en el sentido de que su valor está protegido contra la inflación. Por otra parte, a diferencia del oro, es una moneda de transacción diaria porque puede dividirse fácilmente en cualquier cantidad.

Bitcoin Gold y Bitcoin Cash

Bitcoin Cash y Bitcoin Gold se crearon en 2017. El primero fue creado en agosto de 2017 por un grupo de mineros, mientras que el segundo fue creado por otro grupo de mineros en octubre de

2017. Estos grupos de mineros realizaron una "bifurcación dura" de la blockchain principal recurriendo a una nueva versión de software con mejor capacidad de transacción. Como resultado, millones de usuarios recibieron tokens de Bitcoin Gold y Cash, aunque la bifurcación no tuvo ningún efecto en los saldos de Bitcoin.

Entonces, ¿cuál es la diferencia entre fichas y monedas? ¿Hay alguna diferencia?

Cada vez que un nuevo token o moneda llega al mercado, la gente tiende a llamarlos "ICO". Sin embargo, esto es realmente incorrecto. Los tokens y las monedas pueden parecer iguales, pero en realidad son diferentes entre sí.

Las monedas, como Dogecoin y Litecoin, son variaciones del código abierto de Bitcoin. Por otro lado, los tokens, como Ethereum, son activos secundarios para aplicaciones descentralizadas dentro del sistema blockchain.

Minería de Bitcoin

Es posible que también haya oído hablar de la minería de Bitcoin y se haya preguntado en qué consiste y si es rentable o no. Bueno, la minería de Bitcoin es vital para mantener la cadena de bloques que sustenta la criptomoneda. Es bastante nuevo pero sus recompensas son abundantes. Sin embargo, los mineros de hoy en día tienden a enfrentarse a costes más altos y a menos recompensas.

Históricamente, la minería ha sido un término generalmente reservado para excavar oro y otros metales preciosos. Hoy en día, sin embargo, la minería también se utiliza para buscar Bitcoin. Los mineros de Bitcoin suelen estar equipados con ordenadores muy avanzados. Dedican su potencia de cálculo a mantener la cadena de bloques y a verificar las transacciones que se producen cada día. También mantienen la red a salvo de los piratas informáticos y ayudan a los comerciantes a hacer un seguimiento de sus operaciones.

La minería de Bitcoin se refiere al proceso de asegurar que el Bitcoin sirva para su propósito. También es la única forma de añadir nuevos suministros al mercado financiero. Los mineros son empresas o individuos que contribuyen con su potencia informática para ayudar a operar y mantener la red blockchain, que sustenta a Bitcoin como moneda digital.

Cada transacción de Bitcoin es rastreada por estos ordenadores. A cambio, estos ordenadores son capaces de minar los Bitcoins recién creados. La descentralización es, de hecho, el corazón de Bitcoin. Sin embargo, a pesar de que ya se ha creado un canal de comunicación universal y rápido a través de Internet, el desarrollo de un sistema descentralizado que pueda funcionar a escala mundial sigue estando frenado.

Como prácticamente no hay nadie que controle, no hay nadie que lleve un registro de cada transacción. Del mismo modo, no hay nadie que pueda incurrir en los costes de registro. Tampoco hay nadie que pueda pedir cuentas a los encargados de los registros. Además, puede que no sea posible incentivar a los individuos para que se conviertan en registradores.

Debido a estos problemas, el fundador de Bitcoin, Satoshi Nakamoto, tuvo la idea de que los mineros se encargaran de estas transacciones. Estas personas utilizarán sus ordenadores para mantener y hacer funcionar la cadena de bloques para que las transacciones puedan organizarse.

Otros mineros utilizarán entonces sus propios ordenadores para comprobar el trabajo y asegurarse de que es correcto. Darán un consenso público sobre qué transacciones deben ser confirmadas. En el caso de que una información de un minero original sea incorrecta o no coincida con la información de los otros mineros, entonces será revisada y corregida.

Los mineros reciben una comisión por cada transacción. Esto es genial, teniendo en cuenta que el protocolo libera un nuevo Bitcoin cada pocos minutos. Una compensación tan buena anima a los mineros a mantenerse al día con su trabajo y a solucionar cualquier problema que haya hecho caer los sistemas en el pasado.

En esencia, el hecho de estar descentralizado e incentivado ha hecho de la minería una gran opción para muchas personas. El libro mayor no está bajo un punto de control particular y cualquier persona puede verificar y acceder a las transacciones que ya han sido registradas.

Asimismo, al estar incentivado, mucha gente se anima a ejecutar el blockchain, aunque sea con su propio equipo. Al fin y al cabo, sus esfuerzos se ven recompensados con Bitcoins.

Esto hace que la minería de Bitcoin sea bastante inmune a los ataques de hackers. No se alimenta de una sola fuente, sino de una red de ordenadores. Por lo tanto, incluso si un hacker fuera capaz de entrar en un ordenador, su ataque no tardaría en ser descubierto. De hecho, ningún hacker ha sido capaz de tomar el control de al menos el cincuenta por ciento de la red.

Cómo funciona realmente la minería de Bitcoin

En la actualidad, la minería de Bitcoin se lleva a cabo en su mayor parte utilizando equipos o sistemas informáticos potentes y construidos a propósito que cuentan con software personalizado. Estos equipos han sido creados para minar nuevos Bitcoins.

Por otra parte, para que estos nuevos Bitcoins sean minados, los mineros tienen que ayudar a actualizar el libro de contabilidad pública, así como ayudar a validar el trabajo realizado por otros mineros que ejecutan la cadena de bloques. Todos los Bitcoins que existen hoy en día han sido minados. Esto significa que han sido propiedad de ciertos individuos en algún momento hasta que han sido vendidos a otros.

Cuando decide minar Bitcoins, primero tiene que entrar en la red. Su transacción será entonces etiquetada como "no confirmada" o "pendiente". También habrá un flujo constante que necesitará ser verificado por otros mineros antes de que dicha transacción sea confirmada.

Si este proceso le resulta familiar, es porque funciona según el mismo principio que los bancos que compensan los pagos con tarjetas de débito. Las transacciones tienen todos los datos necesarios, como los códigos de transacción, los mensajes, los números de referencia, las fechas y las direcciones de los monederos.

Hashes y Nonces

Los mineros también se llaman comúnmente nodos de minería. Empiezan a organizar los datos automáticamente. Al principio, reducen la información de una transacción a un hash, que es una cadena alfanumérica de sesenta y cuatro caracteres. Esto condensa enormes cantidades de datos en archivos más pequeños, así como encripta los datos que el hash representa actualmente.

Cuando se crea el hash, los datos subyacentes que representa ya no pueden cambiarse sin estropearlo. Por lo tanto, si esto sucede, los otros mineros que mantienen la cadena de bloques serán alertados y se les pedirá que tomen medidas inmediatamente.

La cadena de bloques está organizada en orden cronológico. El software de minería comienza automáticamente a recoger las últimas transacciones antes de pasar a la segunda transacción más reciente. Este ciclo continúa con las últimas transacciones.

Cuando la transacción se convierte en hash, se mezcla con los datos de otra transacción para que se forme un nuevo hash. Las transacciones se combinan continuamente bajo un hash hasta que se forma un bloque. Estos bloques se utilizan entonces para hacer crecer la cadena de transacciones. Como habrás notado, de aquí proviene el término "blockchain".

En cuanto a los nonces y la minería de Bitcoin, los mineros compiten entre sí para poder sellar el bloque e insertarlo en la cadena. El minero que supera a los demás en esta carrera es el que obtiene el nuevo Bitcoin.

Por otra parte, el sellado de bloques depende básicamente de la suerte en lugar de la habilidad. Los mineros tienen que competir entre sí para buscar el hash de bloque aleatorio que busca el protocolo de Bitcoin. Tienen que enviar nonces, que son conjeturas aleatorias, y esperar que coincidan.

Este proceso es aleatorio. Por lo tanto, los mineros no tienen realmente un patrón a seguir. Tampoco tienen una pista sobre qué hash será necesario para cerrar el bloque. Deben tener suerte para ganar ese nuevo Bitcoin. Sin embargo, siempre pueden maximizar sus probabilidades de ganar aumentando su potencia de cálculo.

Si se da cuenta, esto tiene el mismo principio que jugar a la lotería. Si quiere aumentar sus posibilidades de ganar el premio gordo, puede comprar tantos billetes de lotería como quiera. Sin embargo, comprar muchos billetes no le garantizará el premio gordo. Puede maximizar sus probabilidades de ganar, pero seguirá teniendo que depender de la buena suerte para conseguir el dinero del premio.

De todos modos, cuando el minero sella el nuevo bloque, se crea un número de bloque. Este número sigue al bloque anterior de forma secuencial. Todos estos bloques han sido verificados por los demás mineros que dirigen la cadena de bloques. Cada nuevo bloque que se añade a la cadena de bloques tiene que ser verificado por los mineros. Una prueba de trabajo o PoW tiene que ser verificada para demostrar que los datos presentados son realmente exactos.

Este modelo basado en el consenso evita que los hackers manipulen las transacciones nuevas o antiguas. También evita que los individuos gasten dos veces o gasten Bitcoin que ya han gastado. La cadena de bloques reconoce fácilmente cualquier transacción nueva que implique Bitcoins. Así, se hace un seguimiento de los Bitcoins que ya se han gastado.

Equipo de minería de Bitcoin

Originalmente, la minería de Bitcoin se realizaba mediante ordenadores personales. Los que querían ser mineros simplemente tenían que descargar e instalar el software en su propio dispositivo. Hoy en día, sin embargo, los mineros serios necesitan utilizar equipos con más potencia de cálculo para poder seguir el ritmo de sus compañeros de Bitcoin.

La primera actualización supuso el uso de GPU o tarjetas gráficas, que tienen más potencia de cálculo que las simples CPU. Con el tiempo, estas GPU han sido sustituidas por hardware a medida, diseñado específicamente para la minería. Los ASIC o chips de circuitos específicos para aplicaciones se han desarrollado para ayudar a los mineros de Bitcoin.

Por otra parte, a medida que la tecnología evoluciona, los individuos que la utilizan también lo hacen. Las herramientas y los equipos de alta tecnología son cada vez más caros. Esto hace que sean más difíciles de pagar por la gente normal. Por eso, las grandes empresas que tienen el dinero tienden a hacerse con el mercado.

La cantidad de Bitcoins que gana un minero depende básicamente de su potencia de cálculo. Aunque los entusiastas de las criptomonedas son los primeros en minar Bitcoin, ya no tienen el control del mercado. Estas grandes empresas son ahora los grandes actores debido a sus operaciones de alto consumo energético.

Minería en la nube y pools de minería

Afortunadamente, se ha abierto una nueva oportunidad para los mineros de Bitcoin. Así, aunque no mucha gente pueda permitirse un equipo de minería de alta tecnología, puede ganar dinero con la minería a través de los nuevos modelos y mercados de Bitcoin.

Los pools de minería se han creado para combinar la potencia de cálculo de los mineros y aumentar sus posibilidades de obtener recompensas. Por otra parte, como los mineros están en un pool, tienen que compartir las recompensas que obtienen. También tienen que pagar una cuota para unirse.

Además de los pools de minería, los mineros también pueden optar por la minería en la nube. Las empresas o los particulares pueden alquilar tiempo en el equipo de otra persona y ganar las recompensas que este equipo obtenga durante ese tiempo.

Las empresas que alquilan estos equipos ganan dinero cobrando cuotas mensuales, cuotas de mantenimiento y tasas de hash. Aunque la minería en la nube es bastante cara y compleja, elimina los costes y las molestias de montar y mantener su propio equipo.

Alternativas a la minería de Bitcoin

La minería no es su única opción si quiere obtener Bitcoin. De hecho, puede comprar Bitcoins a través de los intercambios de criptodivisas. Estos actúan como intermediarios durante estas transacciones. Sin embargo, hay que tener en cuenta que estos intercambios también devuelven el comercio al control centralizado, exponiendo así a los comerciantes a los hackers.

También puede adentrarse en los servicios de correo electrónico de pago. Coinbase, una importante bolsa de criptomonedas, compró un servicio de correo electrónico de pago que permite a los usuarios ganar criptomonedas completando tareas y respondiendo a correos electrónicos. Muchas empresas atraen a la gente para que revise productos y responda a encuestas ofreciendo criptodivisas.

Del mismo modo, puede ganar criptomonedas viendo ciertos vídeos, así como utilizando plataformas de medios sociales con publicidad. Por lo tanto, si usted está en la búsqueda de otras maneras de ganar Bitcoins aparte de la minería y la compra de ellos, puede probar estas alternativas.

Capítulo 3: La historia de las criptomonedas

Las raíces de la criptomoneda se remontan a principios de la década de 1980. Fue inventada por David "Schlatt" Chaum, un informático y criptógrafo estadounidense. Por aquel entonces, la gente sólo utilizaba dinero físico para hacer compras e inversiones. Nadie había oído hablar de este "dinero ciego".

Chaum creó el algoritmo "cegador" en el que se basa el cifrado moderno basado en la web. Gracias a este algoritmo, los particulares y las empresas pudieron intercambiar información en línea de forma segura. Sentó las bases de las transferencias monetarias electrónicas.

Con el tiempo, Chaum convenció a otras personas interesadas en la criptodivisa para que dieran a conocer al público el dinero cegado. Se trasladó a los Países Bajos, donde fundó DigiCash, una empresa que utilizaba el algoritmo de cegado para crear unidades monetarias. Monopolizó el mercado.

Al principio, DigiCash trataba directamente con particulares. Sin embargo, el banco central de los Países Bajos lo desaprobó. Así que la empresa se vio obligada a dejar de atender a los particulares y a vender únicamente a los bancos autorizados. Esto le causó problemas financieros. Más tarde, Microsoft se puso en contacto con ella para asociarse, pero no llegaron a un acuerdo.

A finales de los 90, DigiCash quebró. Entonces, Nick Szabo, uno de los socios de Chaum, creó Bit Gold, una criptodivisa que finalmente lanzó al público. Se destacó por hacer uso del sistema blockchain. Sin embargo, no ganó popularidad. Además, hoy en día ya no existe.

Monedas digitales destacadas

Unos años después de la introducción de DigiCash, se han desarrollado imitaciones. Una de ellas fue WebMoney, de Rusia. También se crearon otras plataformas financieras electrónicas, como PayPal.

En Estados Unidos, una empresa llamada e-gold creó otra moneda digital. Se denominó acertadamente e-gold, por el nombre de su creador. Los clientes enviaban sus monedas, joyas y baratijas a la empresa a cambio de esta moneda digital. A continuación, podían utilizar su e-gold para comerciar con otros usuarios, cambiarlo por dinero en efectivo o adquirir oro físico.

A mediados de la década de 2000, la empresa contaba con millones de usuarios. Lamentablemente, también atrajo a muchos estafadores y piratas informáticos. Esto hizo que los clientes sufrieran pérdidas económicas. En 2009, la empresa cerró.

Más o menos al mismo tiempo, Satoshi Nakamoto presentó el popular Bitcoin. Se convirtió en pionero en el uso de blockhain para combinar el mantenimiento de registros, el anonimato de los usuarios y el control descentralizado.

La presentación pública de Bitcoin atrajo la atención de los entusiastas, que comenzaron a intercambiarlo y minarlo. En 2010, surgieron más alternativas en el mercado, como el Litecoin. Muy pronto, los comerciantes online empezaron a aceptar las criptodivisas como forma de pago.

WordPress, una de las principales plataformas de creación de sitios web de código abierto, empezó a aceptar pagos con Bitcoin en 2012. Poco después, más minoristas online como Microsoft, Newegg y Expedia reconocieron a Bitcoin como modo de pago oficial.

Capítulo 4: Ventajas e inconvenientes de las criptomonedas

La criptomoneda es dinero digital o virtual. Sólo existe en plataformas digitales y sólo puede almacenarse en carteras digitales. Cuando se tiene dinero digital, no se puede sostener físicamente. No se puede tocar, sentir ni oler. Sin embargo, puede utilizarlo para comprar bienes y servicios como lo haría con dinero físico normal.

Pero, ¿cuáles son las ventajas y desventajas de la criptomoneda? Conocer sus beneficios le animará a mejorar en el trading, mientras que ser consciente de sus inconvenientes le hará ser más cauto con sus acciones.

Los beneficios de la criptomoneda

Anonimato

La llegada de Internet ha abierto las puertas al anonimato. Con la criptomoneda, puede ser privado y anónimo. Puede limitar la cantidad de datos digitales que da. Por lo tanto, puede disfrutar de una mayor seguridad. Ya no tiene que preocuparse por el robo de identidad.

Transparencia

Las transacciones de criptomonedas son transparentes en el sentido de que se almacenan en la cadena de bloques, que es un libro de contabilidad abierto. Esto hace que los datos estén disponibles para todo el mundo en cualquier momento y lugar. Dicha transparencia mejora la responsabilidad.

Accesibilidad

Puede consultar las criptodivisas siempre que quiera. Siempre que tenga un dispositivo electrónico que le permita conectarse a Internet, podrá acceder a sus finanzas al instante. Puede comprar y vender en tiempo real.

Protección contra la inflación

Al igual que con los metales preciosos, usted puede estar protegido contra la inflación con la criptomoneda. Esta es una ventaja que no puede tener con la moneda fiduciaria. El dinero físico es intrínsecamente inseguro, mientras que las monedas fiduciarias son naturalmente propensas a la inflación.

Las criptomonedas son bastante escasas en el sentido de que el número de unidades producidas está predeterminado. En realidad, muchos politólogos y economistas esperan que ciertos aspectos de las criptomonedas se incorporen a las monedas fiduciarias.

Los inconvenientes de las criptomonedas

Anonimato

El anonimato de las criptomonedas las hace vulnerables a los abusos de los delincuentes. La web oscura y el mercado negro son en realidad los principales usuarios del dinero digital. Los delincuentes de diferentes partes del mundo pueden realizar transacciones en línea.

Complejidad

Muchas personas consideran que la criptomoneda es bastante fácil de comprender. Sin embargo, todavía hay quienes tienen dificultades para utilizarla. Las personas mayores y las personas con discapacidad, por ejemplo, pueden no tener conocimientos de tecnología.

Aquellos que no entienden del todo las cadenas de bloques y los sistemas financieros descentralizados también pueden dudar en utilizar las criptodivisas por miedo a perder dinero. Al fin y al cabo, una vez que su dinero digital desaparece, puede ser muy difícil o incluso imposible recuperarlo.

Riesgos de seguridad

Como todo tipo de tecnología, las monedas digitales también son propensas a la piratería y al robo en línea. Hay muchos estafadores, piratas informáticos y delincuentes por ahí, así que hay que estar atento en todo momento.

Debe conocer los riesgos de seguridad y los protocolos de seguridad. Trate su criptomoneda de la misma manera que trataría su dinero en efectivo. No facilite fácilmente información personal y financiera a personas que no conoce bien.

Del mismo modo, debe cuidar bien sus dispositivos electrónicos. Utilice siempre una conexión a Internet segura, especialmente cuando se conecte a sus monederos digitales. No es aconsejable utilizar el Wi-Fi público porque no es muy seguro.

También debe abstenerse de utilizar ordenadores públicos y de hacer clic en enlaces sospechosos para protegerse del phishing. Absténgase de descargar aplicaciones que no provengan de desarrolladores de confianza.

Tampoco es ideal guardar las contraseñas en un ordenador, especialmente si no es el único que lo utiliza. Si le gustan los casinos online, debe desconfiar de las empresas con ofertas que parecen demasiado buenas para ser verdad.

Fluctuaciones del mercado

Existen numerosas formas de utilizar las criptomonedas, incluyendo la compra de bienes, el juego online y la inversión. Si decide utilizar su dinero digital para invertir, debe esperar a que el mercado fluctúe a su favor. Es crucial que investigue y se mantenga actualizado con las últimas tendencias. De lo contrario, puede incurrir en grandes pérdidas en el mercado digital.

Capítulo 5: El presente y el futuro del comercio de criptomonedas

La criptomoneda es enorme ahora, pero ¿qué es lo más probable que ocurra con ella en el futuro?

Pues bien, se prevé que las criptomonedas como el Bitcoin aumenten su valor en los próximos años. Por lo tanto, es aconsejable que la gente, especialmente los comerciantes, inviertan en ella. De hecho, ahora es el mejor momento para comprar Bitcoins.

¿De verdad? ¿Y la pandemia de COVID-19?

El Bitcoin comenzó en 2009 y desde entonces ha ido ganando popularidad. Sin embargo, cuando estalló la pandemia de coronavirus este año, también empezó a bajar su valor. Afortunadamente, este revés no duró mucho. El valor de Bitcoin subió de 3.000 a 10.000 dólares. Esto hizo que los comerciantes y entusiastas de las criptodivisas se inspiraran para invertir más en Bitcoin incluso con la pandemia de COVID-19.

Algunos expertos son optimistas y creen que la pandemia de coronavirus sólo hará que el Bitcoin sea más valioso. De hecho, predicen que su valor subirá hasta los 100.000 dólares el próximo año. Dicho esto, en realidad puede ser ideal para usted invertir en Bitcoin. El buen valor de esta criptomoneda demuestra que invertir en ella tiene pocos riesgos.

Además, algunos expertos creen que la pandemia de COVID-19 iniciaría un mercado alcista muy pronto. Así que, aparte de Bitcoin, también puede considerar invertir en otras criptodivisas como NEO, EOS y Etherium. ¿Quién sabe, sus 500 dólares pueden convertirse en 5.000 dólares en unos pocos meses? No deje que la pandemia del COVID-19 le impida hacer inversiones.

Hay analistas económicos que predicen que habrá un gran cambio en la criptodivisa cuando el dinero institucional entre en el mercado. Además, es posible que este dinero digital salga a bolsa en el Nasdaq, lo que hará que el blockchain sea más creíble, además de utilizarlo como alternativa a las monedas convencionales que utilizamos hoy en día.

También hay personas que dicen que la criptomoneda debe tener un fondo negociado en bolsa o ETF verificado. Esto facilitará el uso de Bitcoin para las oportunidades de inversión. Sin embargo, todavía tiene que haber una demanda de inversión en criptodivisas, que puede no ser fácilmente generada con fondos.

El Bitcoin es una moneda descentralizada que utiliza la tecnología peer-to-peer que permite la emisión, verificación y procesamiento de transacciones de la moneda. Esta descentralización hace que esta criptomoneda esté protegida contra la interferencia o la manipulación del gobierno. Sin embargo, esto también tiene su lado negativo. No hay ninguna autoridad central que garantice la fluidez de las cosas ni que respalde el valor de Bitcoin.

El Bitcoin se crea digitalmente a través de la minería, que requiere ordenadores de alto nivel para manejar complejos algoritmos. Actualmente se crea a un ritmo de veinticinco Bitcoins cada diez minutos. Se espera que llegue a veintiún millones en 2140.

Las características de Bitcoin lo distinguen de la moneda fiduciaria, que está respaldada por el gobierno. La emisión de moneda fiduciaria está centralizada y supervisada por el banco central. Sin embargo, aunque el banco regule la cantidad de moneda que se emite de acuerdo con sus objetivos de política monetaria, no existe un límite máximo de emisión.

Además, el gobierno suele proporcionar un seguro a los depósitos en moneda local para que puedan estar protegidos contra la quiebra del banco. El Bitcoin, sin embargo, no tiene ningún mecanismo de apoyo. Su valor depende completamente de la cantidad de dinero que los inversores desembolsen. Asimismo, en caso de que una bolsa de Bitcoin se retire, no habrá forma de que las personas con saldos recuperen su dinero.

Las perspectivas de futuro del Bitcoin y otras criptomonedas

El futuro de Bitcoin es muy discutible. Kenneth Rogoff, profesor de la Universidad de Harvard, afirma que la capitalización del mercado de criptomonedas puede aumentar considerablemente en los próximos cinco años. De hecho, predice que aumentará entre 5 y 10 billones de dólares.

Además, dice que el valor a largo plazo de Bitcoin puede ser en realidad de sólo 100 dólares en lugar de 100.000 dólares como algunos creen. Al fin y al cabo, el uso de Bitcoin se limita a meras transacciones, lo que lo hace propenso a un colapso similar al de una burbuja.

Además, el proceso de verificación de Bitcoin no es muy eficiente. No obstante, añada que no hay motivos para el pánico a pesar de su histórica volatilidad.

Si todavía quiere invertir en Bitcoin y le gusta el anonimato de las transacciones y la descentralización, debe saber que las agencias gubernamentales son cada vez más escrupulosas con él. Esto no debería ser una sorpresa, ya que los delincuentes prefieren utilizarlo para sus actividades ilegales, como el tráfico de drogas, el blanqueo de dinero, la adquisición de armas y el contrabando.

También debe conocer sus limitaciones, como su vulnerabilidad a la piratería informática y a los bloqueos. Las cuentas financieras virtuales pueden ser pirateadas y vaciadas por delincuentes. Por otra parte, la tecnología tiende a mejorar con el paso del tiempo. Así, una tecnología más avanzada en el futuro puede hacer que las cuentas financieras virtuales sean más seguras.

El Bitcoin no es la única criptodivisa a la que hay que prestar atención. Todas las criptodivisas pueden ser vulnerables a atraer un mayor escrutinio y regulación por parte del gobierno, lo que a su vez puede poner fin a su existencia.

Además, aunque cada vez más comerciantes han empezado a aceptar la criptodivisa como forma de pago, todavía son una minoría. Para que este dinero digital sea más utilizado, tiene que hacerse más popular entre los clientes y las clientas.

Se puede decir que es fácil para la generación más joven adaptarse a los avances tecnológicos modernos. ¿Pero qué pasa con los que no son tan expertos en tecnología? Desgraciadamente, mucha gente todavía encuentra la criptomoneda confusa y difícil de usar. Por lo tanto, es posible que se desanimen a utilizarla.

Las criptomonedas que aspiran a ser incluidas en el sistema financiero general tienen que cumplir una amplia gama de criterios. Por ejemplo, tienen que ser lo suficientemente complejas como para estar protegidas contra hackers y estafadores. A la inversa, deben ser lo suficientemente sencillas para que los usuarios las entiendan.

Las criptomonedas también deben estar descentralizadas, pero con una amplia protección y seguridad para los consumidores. También deben ser capaces de preservar el anonimato de los usuarios sin convertirse en una salida para la evasión de impuestos y el lavado de dinero entre otras transacciones ilegales.

Alternativas al Bitcoin

Los que saben algo de criptomonedas han oído hablar sin duda de Bitcoin. Desde que se presentó al público, se ha convertido en una forma de pago ampliamente reconocida. En la actualidad, sin embargo, las empresas han empezado a reconocer otras criptodivisas.

Litecoin, por ejemplo, se considera el principal rival de Bitcoin en la actualidad. Fue diseñado para procesar pequeñas transacciones más rápido que el Bitcoin. De hecho, se le llamó "la moneda que es plata para el oro de Bitcoin".

Si desea minar Litecoin, puede hacerlo fácilmente en su ordenador de sobremesa. Sí, ¡así es! Ya no es necesario que adquiera un pesado equipo informático, a diferencia de lo que ocurre con Bitcoin. Aún mejor, el límite máximo de Litecoin es de ochenta y cuatro millones mientras que el límite máximo de Bitcoin es de sólo veintiún millones.

También puede consultar Ripple. Al igual que Bitcoin, es tanto un sistema de pago como una moneda. Su componente monetario también es similar al de Bitcoin. En algunos aspectos, se puede decir que es mejor que Bitcoin. Por ejemplo, su mecanismo de pago permite procesar las transferencias de fondos en sólo unos segundos. Con Bitcoin, tendrá que esperar varios minutos para el mismo tipo de servicio.

También existe MintChip, que es similar a Bitcoin en el sentido de que ambas no requieren identificación personal. Sin embargo, a diferencia de otras criptomonedas, fue creada por una institución gubernamental. Por tanto, está respaldada por moneda física, a diferencia de Bitcoin. Es básicamente una tarjeta inteligente que contiene valor electrónico.

Cómo saber con qué criptomonedas comerciar

Después de que el Bitcoin se presentara al público, el mercado de las criptomonedas se materializó. Eso fue en 2009. Las criptodivisas son monedas digitales encriptadas y descentralizadas que pueden ser transferidas de una persona a otra.

Desde la introducción de Bitcoin, han surgido muchas otras monedas digitales. Así, además de Bitcoin, los operadores también pueden operar con Ripple, Ethereum y Litecoin. Con todas estas criptomonedas disponibles, es bastante difícil para los operadores seleccionar cuáles son las que van a operar.

Por lo tanto, si tiene dificultades para elegir con qué criptodivisas operar, las siguientes directrices pueden ayudarle:

1. Determine su nivel de riesgo.

    Como operador, es importante que conozca su nivel de riesgo al operar. De este modo, podrá asumir riesgos calculados y minimizar las probabilidades de perder dinero.

    Hoy en día hay más de dos mil criptodivisas en el mercado. De todas estas monedas digitales, el

Bitcoin es la que tiene mayor volatilidad y estabilidad.

No se preocupe por invertir en Bitcoin porque en general es seguro. Después de todo, es la criptodivisa más antigua. Las otras se denominan "altcoins" porque son monedas o criptodivisas alternativas a Bitcoin. Algunas de las estables y establecidas son XRP, ETH y LTC.

Al comerciar con criptodivisas, tiene que diversificar su inversión para repartir el riesgo. También es posible que quiera invertir en al menos una criptodivisa más estable para que su cartera de inversiones sea más sólida.

Tenga en cuenta que las monedas estables imitan a la moneda fiduciaria y mantienen las fluctuaciones de precios al mínimo. También son una excelente forma de colocar dinero en un intercambio.

2. Realiza una investigación independiente.

Aunque es fundamental tener en cuenta las opiniones de otras personas, en particular de los operadores expertos, también hay que hacer una investigación propia. De este modo, podrá obtener información fiable de primera mano y emitir un buen juicio basado en sus propios datos.

Por ejemplo, antes de operar con ETH/USD frente a BTC/USD, tiene que comprobar sus gráficos históricos. Procure prestar también mucha atención a la capitalización del mercado y a la circulación. No se centre únicamente en el precio. Aunque es vital, no es la única área que tiene que considerar.

Procure también investigar sobre la historia de la criptomoneda. También hay que tener en cuenta la estabilidad. Tenga en cuenta que las criptodivisas no tienen que ser necesariamente antiguas para que muestren estabilidad. Puede estar todavía en la etapa de crecimiento, pero si muestra un crecimiento continuo, entonces es una buena opción.

En la medida de lo posible, debe evitar las criptodivisas que ya han sufrido grandes caídas en la capitalización del mercado. Desconfíe de las criptodivisas que tienen un historial de enormes correcciones y picos. Estos son indicadores de una demanda moribunda.

Además, tiene que aprender todo lo que puedas sobre las empresas que ofrecen criptomonedas. Infórmese sobre los problemas que pueden resolver, así como sobre cómo pretenden resolver más problemas.

Debe buscar ofertas con un sólido respaldo de ideas y una tecnología innovadora. Investiga el equipo técnico, el liderazgo y la trayectoria de la empresa, incluido su director general (CEO).

3. Busque posibles ofertas de ICO.

Las empresas de divisas digitales que pretenden lanzar nuevas criptomonedas y conseguir un capital de trabajo suelen apostar por las ofertas iniciales de monedas o ICO. Se trata de apostar por empresas que tienen la capacidad de ofrecer productos y obtener un buen rendimiento de la inversión.

A la hora de seleccionar en qué criptodivisas invertir, puede obtener buenas oportunidades con las ICO. Esencialmente, no tiene ningún gráfico histórico que le sirva de guía. Por lo tanto, tiene que depender de su propia comprensión de la oferta. Tiene que saber qué es lo que la hace destacar, así como de qué trata el equipo que la respalda.

Ya que está empezando desde cero, puede invertir en una buena ICO para lograr sus mayores objetivos. Tiene que buscar en ofertas exitosas en el pasado y hacer un seguimiento de cualquier tendencia reciente para que pueda estar en la posición de ver ICOs rentables.

4. Considere las bolsas de criptomonedas desconocidas.

En caso de que se haya perdido una ICO en particular, no se preocupe porque todavía tiene la oportunidad de comprar criptodivisas en los intercambios. Sin embargo, la mayoría de los principales intercambios limitan las criptodivisas que negocian. Por lo tanto, puede encontrar mejores inversiones si considera las plataformas menos populares.

Para mantener su inversión protegida, debe investigar sobre la bolsa de criptomonedas así como sobre las personas que la dirigen.

5. Esté atento y consciente.

Es desalentador elegir qué altcoins y cryptocurrencies para el comercio. Por lo tanto, siempre debe atenerse a los hechos. Absténgase de tomar decisiones cuando sienta fuertes emociones. Sea siempre lógico y racional, no emocional. Convertir esto en un hábito le permitirá elegir las inversiones correctas.

Una vez que haya elegido las criptodivisas con las que desea comerciar e invertir, debe mantenerse alerta. Tiene que vigilar de cerca su cartera y estar atento a las noticias que se refieran a sus inversiones. Siga investigando como lo hacía antes de hacer una inversión.

Tenga en cuenta que las altcoins no tienen la misma tasa de crecimiento que el Bitcoin. Sin embargo, aún pueden producir rendimientos lucrativos si se sabe cómo manejarlas adecuadamente. A fin de cuentas, su éxito seguirá dependiendo de usted mismo.

Bitcoin frente a otras criptomonedas

Ya sabe que las criptodivisas son monedas digitales que operan independientemente de los gobiernos y los bancos, pero se puede especular con ellas y cambiarlas como cualquier otra moneda.

Usted también sabe que Bitcoin es la criptomoneda más popular; pero ¿qué pasa con las altcoins o monedas alternativas a Bitcoin? ¿Qué las hace diferentes del renombrado Bitcoin? Son igual de buenas por sus avances tecnológicos, su creciente demanda y la ampliación de sus aplicaciones.

Bitcoin (BTC)

El Bitcoin está considerado como el líder de las criptodivisas. Es muy popular y valiosa. Sin embargo, también requiere un equipo de minería especializado y tiene una velocidad de transacción lenta.

Bitcoin Cash (BCH)

Aunque se creó para servir como una rama de Bitcoin, sigue siendo una criptomoneda independiente que tiene un tiempo de transacción más rápido que Bitcoin. Tiene un tamaño máximo de bloque de 8mb, que es mucho más grande que el tamaño máximo de bloque de Bitcoin de sólo 1mb. Puede procesar más transacciones, pero sigue necesitando un equipo de minería especializado, al igual que Bitcoin.

Ripple (XRP)

Esta criptodivisa es la base de RippleNet, que es una red de pagos. Su funcionamiento es diferente al de otras criptomonedas. Sin embargo, tiene velocidades de transacción muy rápidas.

Stellar (XLM)

Esta red de pagos funciona de la misma manera que RippleNet. Tiene la capacidad de procesar transacciones en múltiples monedas. Además, se apoya en la criptodivisa lumens o stellar. Stellar se integra con los bancos, pero no es tan reconocida como las otras criptodivisas.

NEO (NEO)

Es la criptomoneda de NEO y es similar a Ethereum en el sentido de que permite a los usuarios desarrollar dapps o aplicaciones descentralizadas, así como contratos inteligentes. Su red también está fuertemente controlada por el equipo de NEO, que requiere que los usuarios verifiquen sus identidades en la red. Cumple con la normativa en la mayoría de los cruces, pero se dice que puede no estar realmente descentralizada.

Éter (ETH)

Esta criptomoneda permite a los usuarios codificar y liberar sus propias dapps o aplicaciones descentralizadas, así como desarrollar contratos inteligentes que hacen cumplir las cláusulas automáticamente.

Cada vez que se procesa una transacción, se destruye una pequeña cantidad de esta criptomoneda. De este modo, se evita que los piratas informáticos puedan llenar de spam la red. El éter también tiene velocidades de transacción rápidas. Por otra parte, también tiene una oferta sin límite, por lo que puede ser inflacionaria.

EOS (EOS)

Es la criptomoneda de EOS.IO, que es una plataforma de blockchain que replica la funcionalidad clave del sistema operativo y el hardware de un ordenador. Ofrece servicios y herramientas para que los desarrolladores creen dapps o aplicaciones descentralizadas, incluyendo bases de datos, cuentas de usuario y autenticación.

EOS está integrado en la red EOS.IO y tiene una gran velocidad de transacción. Por otra parte, también tiene una oferta sin límite, por lo que también puede ser inflacionaria.

Litecoin (LTC)

Se creó para servir de plata al oro de Bitcoin. Su oferta máxima es de ochenta y cuatro millones, que es cuatro veces mayor que la oferta máxima de Bitcoin. Tiene velocidades de transacción rápidas. Por otra parte, también tiene una baja capitalización de mercado en comparación con Bitcoin.

Por qué las diferencias de las criptodivisas son muy importantes para los operadores

Los no comerciantes pueden pensar que las criptodivisas son todas iguales, pero los comerciantes conocen la diferencia. Son conscientes de que la más mínima diferencia puede tener un impacto significativo en los resultados de su operación.

Estas diferencias proporcionan pistas cruciales sobre la oferta y la demanda de criptodivisas. También determinan las formas en que se negocian las criptodivisas, además de influir en los precios en los mercados financieros.

La oferta y la demanda

La oferta de criptomonedas desempeña un papel importante en la determinación de los precios en los mercados financieros. En esencia, cuanto más escasa sea una moneda, mayor será su valor.

Tanto Bitcoin como Bitcoin Cash tienen un límite máximo de veintiún millones de monedas cada uno. Ripple y Litecoin tienen una oferta máxima de cien mil millones y ochenta y cuatro millones, respectivamente.

Dichas monedas serían deflacionarias cuando todas las demás monedas hayan sido liberadas o minadas. Sin embargo, las monedas como el éter no tienen un límite fijo. Por lo tanto, pueden ser inflacionarias, dependiendo de la cantidad que se pierda o se queme.

La oferta de criptodivisas cambia a medida que se liberan o minan nuevas. La minería, como sabes, se refiere al proceso en el que se verifican los bloques de transacciones y se liberan nuevas criptodivisas.

A pesar de tener pocas aplicaciones, el valor de Bitcoin sigue aumentando. Sigue siendo la mayor criptodivisa del mercado por capitalización. Esto demuestra que la reputación es un componente clave en las valoraciones de las criptodivisas.

Como el Bitcoin es muy popular, también es muy valioso. La cobertura de los medios de comunicación puede afectar a la popularidad y al valor de una criptodivisa. Por ejemplo, si se produce un hackeo importante de la cartera digital, el precio de la criptodivisa se verá afectado. Como se ha ganado una reputación negativa, su valor también puede disminuir.

Aunque Bitcoin Cash, Litecoin y Bitcoin son criptomonedas independientes, Ripple y Ether forman parte de redes más grandes con aplicaciones más amplias. Por lo tanto, si la popularidad de estas redes mejora, la demanda de sus criptodivisas subyacentes también puede aumentar.

A medida que se acelera la adopción de las criptomonedas, es probable que también se sometan a un mayor escrutinio sus velocidades de transacción y su capacidad para gestionar grandes volúmenes de operaciones.

Además, la escalabilidad puede verse afectada por la seguridad y el tamaño de la cadena de bloques. Al fin y al cabo, estos factores pueden afectar a la velocidad de la red asociada, a la rentabilidad de la minería y a la disposición de los usuarios a usar y comprar monedas.

Por lo tanto, los operadores tienen que prestar mucha atención a las bifurcaciones y a las actualizaciones de software para entender mejor la evolución de la tecnología de escalado.

Las horas de mercado de Bitcoin

Ahora que conoce mejor el Bitcoin, probablemente se pregunte cuándo puede operar con esta criptomoneda.

En términos de capitalización de mercado, Bitcoin es la mayor criptodivisa. Es posible operar con Bitcoin semanalmente. Como comerciante, usted quiere aprovechar todas las oportunidades disponibles para esta criptodivisa altamente volátil.

El mercado de Bitcoin está realmente abierto durante veinticuatro horas al día, siete días a la semana. Esto se debe a que las criptodivisas suelen funcionar en una red informática descentralizada. Por lo tanto, cada vez que se opera, se puede especular sobre los movimientos de precios de Bitcoin desde las ocho de la mañana de un sábado hasta las diez de la noche del viernes con el uso de CFDs y spreads.

A través de estos productos, puede conseguir flexibilidad y ponerse en largo si cree que el valor de Bitcoin va a subir. Por el contrario, puede ir en corto si cree que el valor de Bitcoin bajará.

Por otra parte, si decide que el comercio no es una buena opción para usted, puede simplemente comprar Bitcoins directamente de un intercambio de criptodivisas. Estas bolsas operan a escala mundial. Así que puede comprar Bitcoin a cualquier hora del día y desde cualquier lugar.

Sin embargo, hay que tener en cuenta que estas horas también están sujetas al mantenimiento de la bolsa. Por lo tanto, habrá momentos en los que estén restringidos esporádicamente. No se preocupe porque se le notificará cualquier mantenimiento de intercambio programado.

Los mejores momentos para operar con Bitcoin

El momento más idóneo para operar con Bitcoin es cuando el mercado de Bitcoin está más activo. Sin embargo, esto puede ser difícil de predecir, ya que el volumen de negociación depende generalmente de las noticias y los acontecimientos sociopolíticos del día.

No obstante, es posible que la mayor liquidez se encuentre alrededor de las ocho de la mañana, cuando los mercados europeos están abiertos, y alrededor de las cinco de la tarde, cuando estos mercados europeos están cerrados.

También hay operadores que consideran los altos volúmenes de negociación como indicadores de una mayor liquidez. Esto suele traducirse en un diferencial más ajustado cuando abren una posición.

Es posible que desee operar en una plataforma en la que pueda beneficiarse de spreads fijos en las principales criptodivisas. De este modo, no tendrá que preocuparse por encontrar los mejores momentos para operar con Bitcoin, ya que los precios se mantendrán iguales independientemente de la liquidez y la volatilidad del mercado.

Además, hay que tener en cuenta que aunque la mayoría de los movimientos de precios de Bitcoin son imprevisibles, todavía hay ciertos eventos que pueden afectar en gran medida el precio de Bitcoin. Por ejemplo, un evento de reducción a la mitad puede hacer que el valor de esta criptodivisa cambie.

Un evento de reducción de Bitcoin a la mitad ocurre cuando la recompensa por minar transacciones de Bitcoin se reduce a la mitad. También se reduce a la mitad la tasa de inflación de Bitcoin, así como la tasa de puesta en circulación de nuevos Bitcoins.

Un evento de reducción de Bitcoin a la mitad ocurre generalmente cada cuatro años o cada 210.000 bloques minados, hasta que los veintiún millones de Bitcoins son minados completamente.

Capítulo 6: Tecnología Blockchain

Las cadenas de bloques son listas de registros o bloques que están conectados por criptografía. Cada bloque tiene una marca de tiempo, una fecha de transacción y un hash criptográfico del bloque anterior. Las cadenas de bloques también son resistentes a la modificación de los datos. Una vez registrados, los datos del bloque no pueden ser alterados sin que se alteren los bloques posteriores.

Además, las cadenas de bloques suelen ser gestionadas por redes de pares que siguen un determinado protocolo para la validación de nuevos bloques y la comunicación entre nodos. Aunque los registros de una cadena de bloques no pueden ser alterados, siguen considerándose seguros. Muchas criptomonedas también registran las transacciones a través de la tecnología blockchain. Por ejemplo, las redes Ethereum y Bitcoin se basan en blockchains.

Blockchain puede parecer complicado, pero su concepto principal es muy sencillo. En realidad es una forma de base de datos, por lo que hay que saber qué es una base de datos. Pues bien, es una colección de datos que se almacena electrónicamente en un sistema informático.

Cada dato o información de una base de datos está en forma de tabla. De este modo, se puede buscar y filtrar fácilmente. Dicho esto, se preguntará cuál es la diferencia entre utilizar una base de datos y una hoja de cálculo.

Pues bien, una hoja de cálculo está diseñada para un solo individuo o un pequeño grupo de individuos. Se utiliza para almacenar y acceder a información de una cantidad limitada. Por el contrario, una base de datos está diseñada para almacenar grandes cantidades de datos, que pueden ser manipulados, accedidos y filtrados por cualquier número de usuarios.

Mientras que una base de datos u hoja de cálculo puede ser accedida por numerosos individuos, normalmente es gestionada por una persona y propiedad de una empresa que tiene el control total de la cantidad de datos que tiene así como de su funcionamiento.

¿Qué hay de una base de datos y una cadena de bloques? ¿Cuál es su diferencia?

Una de las principales diferencias entre una cadena de bloques y una base de datos es la estructura de su almacenamiento. Una cadena de bloques suele reunir los datos en grupos que contienen conjuntos de datos.

Un bloque tiene una capacidad de almacenamiento específica. Una vez que se llena, se encadena con otro bloque lleno. Esto forma una cadena de datos llamada "blockchain". Cada nuevo dato adquirido se compila en un nuevo bloque, que a su vez se añade a la cadena.

Una base de datos tiene tablas de datos mientras que una cadena de bloques tiene trozos o bloques de datos que están encadenados. Por tanto, se puede decir que todas las cadenas de bloques son bases de datos, pero no todas las bases de datos son cadenas de bloques.

Además, este sistema da lugar a una línea temporal de datos irreversible cuando se aplica de forma descentralizada. Una vez que un bloque se llena, se convierte en una parte fija de dicha línea de tiempo. Cada bloque también recibe una marca de tiempo específica una vez que se añade a la cadena.

¿Y la descentralización?

Para ayudarle a entender mejor el blockchain, puede intentar verlo en el contexto de la forma en que se implementa Bitcoin. En realidad, Bitcoin necesita utilizar varios ordenadores para almacenar un blockchain, que es una especie de base de datos que guarda todas las transacciones de Bitcoin. Sin embargo, cada uno de estos ordenadores está gestionado por un único grupo o persona.

Digamos que una empresa tiene un servidor que consta de diez mil ordenadores. Todos estos ordenadores tienen bases de datos que contienen información vital de los clientes. La empresa controla todos estos ordenadores, que están guardados en un almacén.

Asimismo, Bitcoin se compone de muchos ordenadores, cada uno de los cuales se encuentra en diferentes ubicaciones geográficas y es gestionado por grupos o personas únicas. Los ordenadores que forman la red de Bitcoins se denominan nodos.

Con este modelo, la cadena de bloques de Bitcoin está descentralizada. Por otro lado, las blockchains centralizadas y privadas están formadas por ordenadores que son gestionados y propiedad de una sola entidad.

Todos los nodos de una cadena de bloques también tienen registros completos de información almacenados en su inicio. En el caso de Bitcoin, estos datos son el historial completo de cada transacción. Si un nodo encuentra un error en los datos, puede utilizar los otros nodos como punto de referencia para su corrección. Esto evita que cualquier nodo de la red modifique la información que posee. A su vez, el historial de transacciones de cada bloque es irreversible.

En caso de que un usuario manipule los registros de las transacciones, los demás nodos harán referencias cruzadas entre sí para poder determinar fácilmente el nodo que contiene la información errónea. Este sistema permite establecer órdenes transparentes y exactas de los acontecimientos. La modificación de la información y la funcionalidad del sistema, sin embargo, requiere un acuerdo para que los cambios que puedan producirse sean en beneficio de la mayoría.

Dado que la cadena de bloques de Bitcoin es transparente, cualquier persona con un nodo personal puede ver cada transacción de forma transparente. También se puede ver en directo utilizando un explorador de blockchain. Los nodos tienen su propia copia de la cadena, que se actualiza cada vez que se añade y confirma un nuevo bloque. Esto permite a los inversores hacer un seguimiento de sus Bitcoins allá donde vayan.

Por lo tanto, aunque Bitcoin ofrece anonimato a sus usuarios, puede ser rastreado en caso de fraude. Por ejemplo, si su cuenta es pirateada y le roban todos sus Bitcoins, no podrá rastrear al pirata. Afortunadamente, podrá rastrear los Bitcoins robados. Sabrá dónde se han gastado o movido.

Seguridad de la cadena de bloques

En muchos sentidos, la tecnología blockchain es responsable de los problemas de seguridad. Para empezar, los nuevos bloques se almacenan de forma cronológica y lineal. Esto significa que siempre se añaden al final de la cadena de bloques.

Una vez que el bloque se añade a esta cadena de bloques, ya no se puede modificar ni hacer una copia de seguridad del contenido. Esto sucede porque cada bloque tiene su propio hash y marca de tiempo. Por lo tanto, si se modifica una parte de la información, todo el código se modifica también.

¿Qué importancia tiene esto en el mundo real?

Por ejemplo, un hacker modifica la cadena de bloques para robar Bitcoins. Si modifica su propia copia, ésta dejará de ser similar a las copias de los demás. A su vez, las copias se cruzarían y la copia del hacker sería obvia.

Tal vez, sólo un extraordinario hacker sea capaz de lograr el truco. Para conseguirlo, tiene que controlar y cambiar simultáneamente la mayoría de las copias. De esta manera, esta nueva copia se convertiría en la mayoría.

También tiene que desembolsar mucho dinero para rehacer los bloques debido a la complejidad de sus códigos hash y marcas de tiempo. Además, tiene que ser extremadamente cauteloso y sigiloso porque es probable que los miembros de la red detecten las modificaciones en la cadena de bloques. Una vez detectadas estas modificaciones, los miembros de la red crearán una nueva versión de la cadena, lo que hará que la versión del hacker no tenga prácticamente ningún valor.

Blockchain frente a Bitcoin

El objetivo principal de Blockchain es permitir que los datos digitales se distribuyan y registren, al tiempo que se impide su edición. Los investigadores

W. Scott Stornetta y Stuart Haber crearon el primer esbozo de la tecnología blockchain en 1991. Lo hicieron para producir un sistema que pudiera proteger las marcas de tiempo de los documentos contra la manipulación. Sin embargo, no fue hasta 2009 cuando blockchain se aplicó realmente en el mundo real.

El protocolo del Bitcoin se crea en una cadena de bloques. Satoshi Nakamoto, el creador seudónimo de Bitcoin, lo denominó un sistema de dinero electrónico entre pares sin ningún tercero de confianza.

Hay que tener en cuenta que Bitcoin simplemente utiliza blockchain como una forma de registrar los pagos de forma transparente. Sin embargo, blockchain también puede utilizarse para registrar cualquier cantidad de puntos de datos de forma inmutable.

En la actualidad, hay muchos proyectos basados en la cadena de bloques que pretenden utilizarla para mejorar la sociedad. Por ejemplo, hay proyectos que se utilizan durante las elecciones. Ayudan a reducir la probabilidad de que se produzcan votaciones fraudulentas mediante la emisión de un único token o criptomoneda para cada ciudadano.

Digamos que usted es un votante. Se le proporcionará una dirección de monedero determinada. A continuación, se le pedirá que envíe su token o criptomoneda a la dirección del candidato al que desea votar.

No tiene que preocuparse de que su voto sea pirateado o manipulado. Tampoco tiene que utilizar papeletas físicas. La cadena de bloques utilizada es rastreable y transparente, lo que reduce significativamente la probabilidad de error humano.

Analizar el sesgo del mercado

Para mucha gente, el mercado de valores es muy imprevisible. Por mucho que planifique sus movimientos, no puede estar seguro al cien por cien del resultado. No obstante, puede prepararse para lo que pueda venir siguiendo los datos de sentimiento y la amplitud del mercado. Una vez que se familiarice con estos indicadores, podrá entender los movimientos imprevisibles del mercado.

Capítulo 7: Cómo almacenar correctamente las criptomonedas

Aunque las criptomonedas son dinero digital, siguen siendo dinero. Tienen el mismo valor. Por lo tanto, hay que guardarlas en un lugar seguro, igual que se haría con el dinero físico. Al fin y al cabo, no dejaría su cartera tirada en cualquier sitio.

Entonces, ¿cómo puede mantener sus criptomonedas seguras y protegidas?

Si piensa invertir en criptodivisas, tiene que crear un monedero digital. Es prácticamente igual que el monedero de su bolsillo, salvo que es virtual. Sólo existe en el mundo digital. Puede vincular este monedero a una cuenta bancaria y almacenarlo en varios dispositivos.

Tiene que estar atento porque hay muchos estafadores y hackers en línea. Si no tiene cuidado, sus criptomonedas pueden ser robadas. Necesita tener un monedero seguro para su dinero digital. Los monederos de criptodivisas son programas de software que almacenan las claves públicas y privadas, además de interactuar con una variedad de blockchain.

Puede enviar, recibir y hacer un seguimiento del saldo de criptodivisas. También puede elegir entre una variedad de carteras. Lo ideal es que elija la que mejor se adapte a sus necesidades. Por ejemplo, puede elegir ser un inversor pasivo que compra y mantiene, un comerciante activo, o una mezcla de ambos. Una vez que haya terminado de configurar su monedero digital, puede empezar a comprar e intercambiar divisas digitales en diferentes plataformas.

Almacenamiento de criptomonedas

Hay varias formas de almacenar sus criptomonedas:

Intercambio

Un intercambio es la forma más sencilla y fácil de almacenar monedas digitales. Al fin y al cabo, es aquí donde se comercia con ese dinero. Sin embargo, si decide almacenar sus monedas en una bolsa, debe saber que no está regulada. No es muy seguro porque es propenso a la piratería.

De hecho, no le recomiendo que utilice una casa de cambio para almacenar su dinero digital. A menos que, por supuesto, añada más capas de seguridad, como una autenticación de dos factores, además de una contraseña.

También puede utilizar la autenticación de Google para asegurarse de que sus datos se mantienen a salvo incluso si un hacker crea un clon de su dispositivo móvil. Además, puede optar por que sus monedas se guarden en una cámara frigorífica para mayor seguridad.

Cartera caliente o cartera en línea

Almacenar su dinero digital en un monedero online es más seguro que almacenarlo en una casa de cambio. Sin embargo, no es la forma más segura. Todavía puede ser propenso a la piratería. Además, tiene más requisitos. Por lo tanto, si usted es una persona ocupada, puede encontrar los procesos que consumen tiempo.

Sin embargo, si quiere mantener su dinero digital a salvo, debe dedicar tiempo a estos procesos. Lo ideal es configurar varios monederos online. De este modo, sus monedas se distribuirán en diferentes cuentas y no será posible que se las roben todas a la vez en caso de que un hacker siga entrando en su monedero.

Hay un par de maneras de almacenar sus monedas en un monedero online. En primer lugar, puede elegir un monedero que almacene sus claves privadas y públicas en línea. En segundo lugar, puede elegir un monedero que almacene sus claves privadas en su dispositivo móvil u ordenador.

Digamos que elige almacenar sus monedas en un monedero en la nube. Sus monedas pueden permanecer seguras en su ordenador personal gracias a sus claves privadas. Sin embargo, pueden ser propensas a ser hackeadas si un virus entra en su ordenador.

Si prefiere utilizar su smartphone, puede almacenar sus monedas en un monedero móvil como Jaxx. Este monedero móvil se sincroniza tanto con su smartphone como con su ordenador personal para que pueda hacer una copia de seguridad de sus claves privadas. Puede utilizarse para almacenar varias criptodivisas como Bitcoin, Litecoin y Ethereum, entre otras.

Almacenamiento en frío, almacenamiento rígido o cartera fuera de línea

Es prácticamente una memoria USB en la que puede guardar su clave privada. Se considera muy seguro, ya que está desconectado y no es propenso a ser pirateado. Esto es lo bueno de los dispositivos de la vieja escuela: consigue mantener la información personal en privado porque es el único que tiene acceso a ella.

Por otra parte, también hay un inconveniente. Al no estar conectado, no podrás recuperar los datos cuando la memoria USB se pierda o se extravíe.

Asimismo, puede perder su dinero si el dispositivo se reformatea.

Cartera de papel

Es lo que parece: un papel que funciona como cartera. En esencia, su clave privada está escrita en un papel. Al igual que la memoria USB, está desconectada. Así, su información sensible puede estar protegida de los hackers. Por otra parte, al igual que la memoria USB, perderá toda su información vital cuando este papel se destruya, se extravíe o se tire a la basura.

Entonces, ¿cómo puede asegurarse de que su clave privada esté a salvo?

Bueno, no importa el método que elija utilizar, siempre debe tener una copia de seguridad de sus datos vitales. También debe mantener sus programas de software actualizados con las últimas versiones. También debe utilizar tantas capas de seguridad como sea posible. No confíe únicamente en una contraseña.

Por supuesto, cuando elija una contraseña, procure que no sea fácil de adivinar. Lo ideal es utilizar una combinación de letras mayúsculas y minúsculas, números y caracteres especiales.

¿Y cuál es la mejor manera para usted?

Depende del tipo de inversor que sea y de las necesidades que tenga. Por ejemplo, si es más un comerciante que un inversor, puede guardar su dinero digital en una bolsa. Al fin y al cabo, el dinero no se queda allí mucho tiempo, ya que se comercia con él de todos modos.

Si tiene previsto guardar su dinero durante más tiempo, entonces le conviene guardarlo en una cartera. De este modo, podrá comprobarlo fácilmente de vez en cuando, así como moverlo cuando quiera. Si tiene grandes sumas de dinero, entonces probablemente deba ir a lo seguro y guardar su dinero en una cámara frigorífica para protegerlo de los hackers. Asegúrese de que su dispositivo

esté guardado en una cámara acorazada
o en algún lugar seguro.

Capítulo 8: Seguimiento y venta de criptomonedas

Una vez que compra criptomonedas, puede seguirlas y venderlas.

Seguimiento de las criptomonedas

Puede hacer un seguimiento de sus criptodivisas utilizando ciertos sitios web. Puede hacerlo de forma manual o automática. Si elige esta última opción, puede simplemente copiar y pegar el código que obtuvo del intercambio en el sitio web. El proceso se automatizará entonces. Estará informado de sus fluctuaciones diarias.

Todo lo que tiene que hacer es crear una cartera y conectarse cuando quiera. Esto es genial, ya que podrá hacer un seguimiento de su dinero aunque esté guardado en diferentes carteras o exchanges. También podrá obtener el precio medio si tiene diferentes posiciones de una moneda similar. Es más, puede tener los impuestos añadidos.

Venta de criptomonedas

Un operador puede considerarse muy hábil si sabe cuándo tiene que salir de una operación. Muchos operadores retienen su dinero porque siguen esperando el momento adecuado para vender. Pero, ¿cuándo es el momento adecuado para vender realmente?

Pues bien, dado que las criptodivisas acaban de ser introducidas a nivel mundial, es posible que no quiera venderlas. A diferencia de las acciones y otras inversiones, estas monedas digitales se pueden utilizar directamente como se haría con el dólar estadounidense. No es necesario venderlas para ganar valor.

Por otra parte, limitarse a comprar y mantener no es una buena decisión. No debe acumular y perder la oportunidad de obtener beneficios. Debe intentar obtener beneficios de vez en cuando para rotar su dinero y beneficiarte de otras criptodivisas.

Digamos que ha obtenido un gran beneficio y está pensando en establecer un stop loss por debajo del mismo para poder vender algunas de sus participaciones.

También puede obtener beneficios viendo cómo sube y baja su dinero. Si no ve que llega a un nuevo máximo, puede operar dentro de ese canal de precios bajos y altos. Esto le permitiría salir cerca de la parte superior y entrar cerca de la parte inferior.

¿Será alguna vez demasiado tarde para invertir en criptodivisas?

Lo ideal es invertir en criptodivisas lo antes posible o antes del inicio de la adopción. Sin embargo, nunca es demasiado tarde para empezar a invertir en dinero digital. Algún día, puede haber nuevas criptodivisas y pueden tener subidas muy altas en las que puede entrar.

Nadie puede ver el futuro, así que es mejor mantenerse optimista. Elija centrarse en las posibilidades favorables que las criptodivisas pueden otorgarle. Investigue y aprenda todo lo posible sobre las criptodivisas. Las generaciones más jóvenes son conscientes de los beneficios que las criptodivisas pueden darles en el futuro.

Según Everett Rogers, hay cuatro fases de adopción:

a. Innovadores

b. Los primeros en adoptarlo

c. Mayoría tardía

d. Los rezagados

El momento actual puede considerarse la etapa de los "Early Adopters". Por tanto, aún queda mucho camino por recorrer con el dinero digital. Mucha gente todavía no conoce los Bitcoins, por ejemplo. Por lo tanto, hay que aprovechar la situación e invertir antes de que todo el mundo adopte el dinero digital.

El cofundador y director general de BNK to the Future, Simon Dixon, dijo que las criptomonedas tienen cinco olas:

a. Bitcoin

Esta ola tenía valor porque era independiente del banco central.

b. Altcoins

Esta ola incluye la época en que la gente intentó copiar Bitcoin y produjo Dash y Litecoin como resultado.

c. Coinbase y Kraken

Se trata de intercambios que puede tener cuando tiene acciones de la empresa.

d. ICO's o Tokens

Se producen cuando las empresas producen clases de activos que se negocian en los mercados secundarios.

e. Horquillas

Se producen cuando los individuos no están de acuerdo con la forma en que las cosas tienen que ser divididas y hechas. Por ejemplo, Bitcoin Gold se separa de Bitcoin.

Capítulo 9: Oferta inicial de monedas

Una Oferta Inicial de Monedas (ICO) es un método de recaudación de fondos que intercambia criptomonedas futuras por criptodivisas líquidas. Sin embargo, es una forma muy arriesgada de recaudar fondos. No es aconsejable invertir en algo que realmente no pueda permitirse perder. Recuerde siempre que le puede costar mucho recuperar el dinero que ha perdido en caso de que fracase.

De todos modos, una ICO es básicamente una venta masiva, que es la criptomoneda para el crowdfunding. Es similar a la Oferta Pública Inicial (OPI), excepto que en lugar de vender acciones, vende tokens en la blockchain. Se produce antes del lanzamiento de esta cadena de bloques. También implica una crowdsale o venta pública de la oferta inicial de una moneda.

Una Oferta Inicial de Monedas también se denomina a veces Oferta Pública Inicial de Monedas (OIPM) u Oferta Inicial de Tokens (OTI). Otras personas incluso lo llaman Crypto Crowdsale. En cuanto a las startups, se denominan Blockchain Startups.

La mayoría de las empresas que realizan ICOs ofrecen tokens en lugar de monedas. Hay que saber la diferencia entre ambas. Las monedas se utilizan para transferir valor monetario mientras que los tokens se utilizan para almacenar flujos de datos multifacéticos y complejos.

Asimismo, la mayoría de las empresas que celebran ICOs están construidas sobre una cadena de bloques. Por lo tanto, no se pueden juzgar simplemente en función de su valor monetario. Hay que evaluarlas según su solución y su modelo de negocio.

¿Qué le parece el "white paper" del ICO? Todas las ICO deben tener un manifiesto. Debe explicar en detalle cómo funciona la tecnología y cómo se diseñan los tokens. También debería explicar cómo los usuarios pueden obtener y utilizar dichos tokens.

Si quiere saber más sobre determinados fundadores y su trabajo, puede utilizar un libro blanco. Le dirá si estos fundadores han pensado realmente en su proyecto o no. También le dirá los problemas que puede resolver, así como la forma en que se puede resolver.

Cómo funcionan las ICO

En esencia, una OIC funciona de acuerdo con lo siguiente:

a. La startup publica un anuncio sobre la venta de la oferta inicial de su nueva criptomoneda.

b. El libro blanco de la startup es leído por los inversores, que finalmente cambian Ether o Bitcoin por nuevas monedas.

c. La startup puede cambiar su Ether o Bitcoin en moneda fiduciaria normal para pagar los costes de construcción de la tecnología.

d. Si el proyecto se lanza con éxito, el valor de la nueva moneda sube y los inversores obtienen un beneficio.

Las empresas utilizan la ICO porque les proporciona una forma más rápida y sencilla de realizar la recaudación de fondos para un nuevo proyecto de blockchain. Además, no tiene fronteras. Por lo tanto, es capaz de conectar con todos los posibles inversores en todo el mundo. La mayoría de las veces, algunos de los tokens se venden a los participantes de la ICO mientras que los otros se guardan para las necesidades de la empresa.

¿Cuáles son los ejemplos de empresas que utilizaron la ICO para la recaudación de fondos para proyectos? Bueno, está Bancor, que recaudó 150 millones de dólares en menos de tres horas. También está BAT, que recaudó 34 millones de dólares en menos de un minuto. Luego está Tezos. Recaudó 232 millones de dólares en sólo un mes.

La ICO suena realmente fascinante. ¿Cómo hacen los inversores para ganar dinero con ella? Muchos inversores creen que la startup tendrá éxito en su lanzamiento en una bolsa. Anticipan dicho éxito, de modo que pueden vender monedas o tokens lo antes posible para obtener un beneficio. La mayoría de las veces, no creen realmente en la empresa. Puede que crean en su idea, pero no lo suficiente como para arriesgarse a entrar a largo plazo si no es posible ganar mucho a corto plazo.

Monedas y tokens emitidos por la ICO

Las monedas y los tokens que se han emitido en una ICO tienen tres funciones principales:

a. Representan el producto de la empresa. Pueden utilizarse como medio de intercambio por una cantidad determinada de servicios o productos. También pueden utilizarse para el comercio de proyectos.

b. Representan el derecho a compartir los beneficios. Al igual que las acciones ordinarias, las monedas pueden ser repartidas por la empresa.

c. Representan el producto de la empresa. Las monedas pueden utilizarse como medio de intercambio por una cantidad determinada de servicios o productos. También pueden utilizarse como medio de intercambio en un proyecto.

d. Representan derechos de reparto de beneficios. Al igual que las acciones ordinarias, las monedas pueden repartirse en un determinado porcentaje.

e. Representan bonos corporativos. Las monedas pueden funcionar como los préstamos. El propietario puede adquirir intereses en función del tipo preestablecido.

Las desventajas de las inversiones en ICO

Las ICOs parecen geniales; pero como todo, también tienen desventajas. Para empezar, el concepto de la startup está en "papel blanco". No hay ninguna prueba de trabajo. Los inversores se basan principalmente en este libro blanco para obtener información. Por lo tanto, se vuelven susceptibles al fraude.

Estos estafadores hacen creer a la gente que pueden hacerse ricos si invierten en las ICO. Sin embargo, no cumplen sus promesas. Una vez que consiguen el dinero, siguen su camino. No producen ningún producto.

Por ejemplo, la ICO de Mycelium fue un gran fracaso para los inversores. Después de conseguir la financiación, los miembros del equipo desaparecieron. Más tarde se descubrió que utilizaron el dinero para tomarse unas vacaciones.

Otra desventaja de las ICO es que algunas empresas legítimas no tienen el apoyo técnico y/o los conocimientos adecuados. Puede que tengan la intención de fabricar productos, pero carecen de los conocimientos y la experiencia necesarios para crear un negocio de blockchain.

Por ejemplo, CoinDash fue un desastre para sus inversores. Se perdieron millones de dólares cuando los piratas informáticos lograron abrirse paso a través del sitio web de la empresa. Los hackers sustituyeron la dirección del monedero de la ICO por la suya propia.

Cómo invertir en ICO

Si, después de conocer las desventajas de invertir en ICO, todavía quiere entrar en esta aventura, aquí están las cosas que debe tener en cuenta:

Investiga siempre.

Estar al día de las últimas tendencias y noticias es vital para cualquier negocio. Sin embargo, esto es especialmente importante para las inversiones en ICO. Como sabes, las ICO son startups que necesitan financiación para crecer. Sin inversores, sus teorías no pueden ponerse en práctica. Por lo tanto, debe hacer su investigación meticulosamente. Utilice Internet a su favor y aprenda todo lo que pueda sobre las criptomonedas y las ICO.

Averigüe si el equipo es capaz de cumplir. Lea detenidamente el libro blanco antes de dirigirse a los miembros del equipo y a los fundadores. Utilice

Internet para obtener más información. Por ejemplo, puede utilizar LinkedIn para saber más sobre ellos. Compruebe lo que está escrito en sus perfiles para saber más sobre su credibilidad.

Investigue sobre el equipo y averigüe si los miembros tienen alguna experiencia en criptomonedas, proyectos e ICOs. Aprenda todo lo que pueda, específicamente sobre su participación. Si cree que pueden ofrecer los resultados que desea, entonces puede seguir investigando.

Sea cuidadoso y meticuloso en su investigación. Asegúrese de averiguar si se trata de simples estafadores o defraudadores. Puede unirse a grupos o foros de personas con ideas afines. Puede leer sus mensajes o enviarles preguntas.

Tenga en cuenta las opiniones de los inversores experimentados.

Pregúntese si sus ideas resuelven realmente los problemas o si tienen alguna validez. Considere si sus ideas se dirigen a un mercado potencial y pueden conducir al éxito. Pregúntese qué valores pueden aportar sus proyectos a la sociedad. ¿Están ofreciendo conceptos nuevos o simplemente ofrecen algo que ya se ha desarrollado? Reflexione sobre las respuestas. No haga una inversión a menos que crea plenamente que el equipo puede hacer las cosas mejor.

Averigüe para qué sirven las fichas.

Con las ICO, se crean nuevos tokens para un proyecto. Todo proyecto debe indicar para qué sirven los tokens. Por ejemplo, preguntar por qué Ethereum o Bitcoin no son suficientes para funcionar como tokens para el proyecto.

Averigüe cuánto dinero se obtiene.

En el pasado, algunas ICO podían recaudar una suma ilimitada de dinero. Los inversores disponían de topes abiertos que les permitían enviar financiación ilimitada a los proyectos. En general, cuanto más circulan las monedas, los tokens se vuelven menos únicos para el comercio.

Además, hay que averiguar en qué utiliza el equipo el dinero y cuánto asignan a los presupuestos de desarrollo y marketing. No se olvide de averiguar cuánto asignan para las asignaciones esenciales. Recuerde que una buena ICO es transparente y permite a los inversores saber a qué va su dinero.

Conozca el valor de la ficha.

¿Cuánto valen los tokens actualmente? Como inversor, quiere saber si sus tokens aumentarán de valor en los próximos años. También quiere saber si existe la posibilidad de que el mercado se sature con estos tokens. Además, quiere conocer los incentivos que conllevan estos tokens. Al fin y al cabo, sólo podrá obtener beneficios si sus fichas aumentan de valor.

Conozca cómo y cuándo se distribuyen las fichas.

Si los miembros del equipo son codiciosos, más de la mitad de las fichas se distribuirán de forma sospechosa. Por eso hay que saber cómo y cuándo se distribuirán los tokens. Los buenos proyectos vinculan sus distribuciones de tokens a las hojas de ruta porque cada hito requiere una cantidad específica de financiación.

Asegúrese de controlar también la fase de distribución de los tokens. Algunos proyectos sólo liberan los tokens cuando la ICO ha finalizado. Por el contrario, ciertos proyectos deben tener versiones beta antes de enviar los tokens. Por otra parte, aunque conocer estas cosas es útil, no deberían afectar a su decisión de realizar una inversión.

Cambiar moneda fíat por criptodivisa

Para poder participar en las ICO, se necesitan criptomonedas. Las más populares son Ethereum y Bitcoin. Tenga en cuenta que la startup intercambia el dinero de la inversión por moneda fiduciaria para pagar los costes y desarrollos, entre otros.

Inversión en el ICO

Cuando la startup le pide que envíe criptodivisas a una dirección específica, tenga en cuenta que muchas startups no aceptan Ether y Bitcoin. Hay intercambios que no envían estas criptodivisas a las startups ICO. Por lo general, se envían desde billeteras en línea.

Siga el desarrollo de la empresa

Muchas personas se limitan a dejar su dinero en las startups y esperar lo mejor. Si bien no hay nada malo en hacer esto, es posible que desee esforzarse más si desea obtener los mejores resultados. Después de todo, las inversiones en criptodivisas son un gran negocio. A menos que quiera perder el dinero que tanto le ha costado ganar, no debería tomarse las cosas a la ligera.

El comercio de criptomonedas es muy arriesgado y especulativo. Por lo tanto, es aconsejable repartir los riesgos. De esta manera, usted puede minimizar sus probabilidades de perder. Además, deberías esforzarte más en saber más sobre las startups que sigues. Lea las noticias. Navegue por Internet. Comuníquese con personas con ideas afines que puedan ser de ayuda.

También puede ir a conferencias y conocer al equipo. Hablar con ellos. Enviarles correos electrónicos. Averigüe sus reacciones. Conozca a estas personas porque quizá puedan ayudarle.

Capítulo 10: Asignación de activos

La asignación de sus activos es crucial para controlar sus finanzas. Tiene que saber cuánto dinero debe invertir en criptodivisas, especialmente si tiene en el punto de mira a startups que aún no han construido ningún producto.

Puede ser una mejor idea optar por las que ya se han hecho públicas para reducir las posibilidades de ser estafado. Sin embargo, tampoco es del todo mala idea invertir en las ICO. Al fin y al cabo, puede beneficiarse de grandes beneficios.

¿Qué porcentaje debería asignar a las ICOs entonces? Bueno, todo depende de su edad, nivel de riesgo y preferencias. Por ejemplo, ¿quiere ser agresivo o conservador con sus inversiones?

Para algunos expertos, el cinco por ciento de su capital es suficiente para ser colocado en las ICOs. Esto se debe a que no se tiene realmente ninguna idea sobre el camino que va a tomar la industria y no se puede estar realmente seguro de qué ICOs van a triunfar.

Las inversiones en ICOs son muy especulativas. Sin embargo, usted puede optar por asignar pequeñas cantidades de sus fondos a las OIC de forma regular. En realidad, depende de usted la forma de gestionar sus finanzas.

Digamos que puede invertir menos del uno por ciento de su capital en una ICO que sea popular y esté de moda. No tiene ninguna garantía al respecto, pero es lo que está de moda en este momento. Puede invertir muy poco dinero, por lo que en caso de que la ICO no funcione, no incurrirá en grandes pérdidas.

Puede invertir entre el uno y el dos por ciento de su capital en una ICO que le guste y el cinco por ciento en una ICO que le guste y en la que crea. No es aconsejable ir más allá del seis por ciento porque puede ser demasiado en términos de asignación.

Riesgos de la inversión en el ICO

Como sabes, invertir en las ICO es muy arriesgado. Estos son algunos de los riesgos que puede tener en cuenta:

a. Retornos no asegurados

Al igual que en todas las demás empresas, los operadores quieren obtener un buen rendimiento de sus inversiones. El comercio de las ICOs conlleva un gran riesgo, especialmente debido a su volatilidad. La tecnología Blockchain es un desarrollo relativamente nuevo que aún no se ha generalizado. Muchos operadores no están seguros de qué hacer con esta nueva plataforma.

Como comerciante, la única manera de seguir es invertir lo que se puede perder. Sería prudente tener en cuenta las siguientes indicaciones:

a. La posibilidad de una estafa

Las ICO no tienen mucha documentación, a diferencia de las OPI. Por ello, las estafas son bastante comunes. No puede esperar ver un registro que pueda utilizar para estudiar el rendimiento de la empresa.

Hay que tener mucha fe cuando se invierte en las ICO. Puede perder mucho dinero de sus inversiones. No obstante, la Comisión del Mercado de Valores ayuda a detener las ofertas sospechosas.

Si quiere protegerse de las estafas, debe tener mucho cuidado. Asegúrese de que entiende realmente lo que se le ofrece. No crea fácilmente nada que parezca demasiado bueno para ser verdad. También debe investigar leyendo reseñas y otros materiales útiles.

b. Cuestiones fiscales

Cuando inviertes en ICO's, puede experimentar problemas con los impuestos. Dado que las ICO son bastante nuevas, muchos países aún no han decidido qué pueden considerar como ICO. Algunos países lo ven como capital, mientras que otros lo ven como deuda o bienes prepagados.

Debido a estas diversas clasificaciones, la presentación de declaraciones se ha vuelto más difícil. Es posible que desee buscar la ayuda de un experto en impuestos para aliviar sus preocupaciones. Si no tiene cuidado, puede tener problemas con los impuestos y el gobierno. Esto puede causarle más problemas, como tiempo de cárcel y multas.

c. Riesgos de seguridad

La cadena de bloques es digital, por lo que es muy susceptible de sufrir ciberataques. Las cuentas digitales y los tokens de los usuarios corren el riesgo de ser robados. Los ciberdelincuentes utilizan el phishing para robar en línea. Roban la identidad de los usuarios para acceder a sus cuentas.

Cuando utilice el ICO, procure utilizar los protocolos de seguridad en línea. Absténgase de hacer clic en enlaces en los que no confíe, especialmente los que se envían por correo electrónico. Además, debe utilizar plataformas operativas seguras. Limítese a su ordenador personal cuando utilice sus cuentas en línea. Del mismo modo, debe evitar el uso de Wi-Fi y dispositivos públicos.

d. Preocupación por la normativa

Lamentablemente, la industria digital no está tan regulada. No existen medidas de control para las devoluciones y la seguridad. Los países todavía están intentando redactar normas de seguridad para proteger a los usuarios en línea.

Recompensas de la inversión en el ICO

Aunque hay muchas preocupaciones con respecto al uso de las ICO, todavía hay muchos beneficios involucrados. Esta es la razón principal por la que mucha gente sigue estando dispuesta a invertir en ellas a pesar de los riesgos.

Entonces, ¿por qué la gente renuncia a los riesgos y sigue invirtiendo en las ICO?

a. Facilidad de inversión

Todo el proceso de inversión en la ICO es fácil y sencillo. A diferencia de las OPI, no hay muchos requisitos. No es necesario desembolsar una determinada cantidad de dinero para invertir. Tampoco es necesario que muestre ninguna prueba.

Es fácil utilizar las monedas digitales, sobre todo porque ahora se han convertido en importantes formas de inversión. Se puede decir que la tecnología blockchain se ha convertido finalmente en el futuro de la inversión.

b. Acceso global

Los operadores son libres de operar con cualquier ficha, en cualquier país. Lo único que necesitan es una conexión a Internet. Una vez que puedan conectarse a la red, podrán empezar a operar. Esto es lo que diferencia la inversión en ICO de la inversión en IPO. La inversión en IPO no puede hacerse en cualquier momento y en cualquier lugar. La inversión en IPO está reservada a un país concreto.

Además, es necesario contar con un corredor que le ayude a invertir en la

OPV. Tenga en cuenta que hacerlo conlleva ciertas limitaciones, que pueden resultar caras a largo plazo. Por ello, los operadores tienden a aceptar el actual modelo de acceso global. No necesitan una formación especial ni corredores.

Si desea diversificar sus inversiones, puede beneficiarse del acceso global.

c. Menos competencia

Las inversiones tradicionales no son para todos. Las empresas luchan por sólo un puñado de inversores. Estos inversores también tienen opciones limitadas. Por ello, resulta muy difícil poner en contacto a las empresas con los inversores adecuados.

Las cosas son diferentes con las ICO. Las empresas tienen más opciones con respecto a los posibles inversores. Además, hay más proyectos disponibles. Cada año se producen millones de ICOs. Los inversores también tienen la libertad de elegir entre diferentes proyectos. Tener muchas opciones es útil para minimizar los riesgos.

d. Apertura

Las ICOs también tienen más acceso, a diferencia de las OPIs que son en su mayoría sólo para inversores institucionales. Los primeros inversores están en ventaja porque tienen muchos beneficios. Solo cuando se necesita más financiación, las acciones pasan a los demás inversores habituales.

Con las ICO, no existen tratamientos preferenciales. Cualquier comerciante que tenga acceso a Internet puede beneficiarse de los tokens. Esta apertura les da un control total sobre sus inversiones. Tampoco corren el riesgo de perderse por culpa de la tardanza.

En conclusión, las ICO son medios fiables de recaudación de fondos. De hecho, pueden superar a la participación en el capital y a las OPI. Aunque mucha gente considera que el boom de las criptomonedas es el acontecimiento principal, en realidad hay más cosas en las ICO.

Las ICOs tienen muchas ventajas. Han abierto espacios de inversión para todo el mundo. Tener activos en cualquier país es tan simple y sencillo que cualquiera puede hacerlo. Puede invertir en USD aunque no esté en Estados Unidos.

Además, se beneficia de la reducción de la competencia y de la apertura. Sin embargo, al igual que cualquier otra empresa, también existen riesgos. Para empezar, su cuenta es susceptible de ser pirateada. Hay que tener mucho cuidado. También faltan regulaciones.

Por lo tanto, si realmente quiere invertir en las ICO, tiene que hacerlo con la debida diligencia. Asegúrese de investigar bien y de pensar realmente en sus decisiones antes de actuar. Si hace las cosas bien, invertir en ICO's puede valer su tiempo y esfuerzo.

Capítulo 11: Estrategias de comercio de criptomonedas

Las inversiones en criptodivisas son, en cierto modo, mucho mejores que otras inversiones. A diferencia de otros activos, las criptodivisas son emocionantes y nuevas. Con las estrategias adecuadas, sin duda puede generar altos rendimientos en sus inversiones.

Para empezar a invertir en criptodivisas, tiene que seleccionar un criptointercambio fiable, así como una divisa. Una bolsa de criptomonedas es la que utilizará para comprar, comerciar y vender criptomonedas. Si eres un principiante, es posible que quieras invertir en monedas populares que tienen una alta capitalización de mercado, como Bitcoin, Bitcoin Cash, Ethereum y XRP.

Puntos para recordar

Cuando considere su estrategia de negociación, asegúrese de recordar la volatilidad del mercado. El mercado financiero es realmente muy volátil, por lo que es habitual que se produzcan oscilaciones de entre el veinte y el treinta por ciento en el valor de una moneda en tan sólo unos días.

La tecnología Blockchain es algo nuevo. Todavía está evolucionando. A medida que aumenta el valor de la tecnología para las industrias fuera del mercado de las criptomonedas, el valor de la moneda también aumenta.

a. No invierta dinero que no pueda permitirse perder.

El valor de la moneda sube y baja rápidamente. Las criptomonedas y las cadenas de bloques pueden verse afectadas por fallos y hacks que disminuyen su valor de muchas maneras. Aunque el mercado de valores tradicional es cambiante, puede reducir significativamente sus probabilidades de sufrir grandes pérdidas si toma buenas decisiones y mantiene sus posiciones de forma inteligente. Con las criptomonedas, las probabilidades de perder dinero son mucho mayores. Por lo tanto, siempre debe optar por jugar a lo seguro.

b. Haga su propia investigación.

La investigación es vital para cualquier empresa, pero más aún para las inversiones en criptodivisas. Tiene que investigar sobre las monedas que desea comprar para asegurarse de que cumple sus objetivos. Del mismo modo, tiene que investigar sobre las empresas que planea apoyar. Tenga en cuenta que invertir en criptodivisas es prácticamente lo mismo que invertir en la empresa que las genera, así como en la tecnología blockchain.

c. No cedas al FOMO o miedo a perderse algo.

Desde que se crearon Internet y las redes sociales, la gente se ha vuelto más consciente de las cosas que se puede perder. La generación actual está especialmente preocupada por las cosas que sus compañeros tienen o no tienen. No hay que ceder a esta locura.

Debe resistir el impulso de seguir lo que está de moda en cada momento, especialmente con las inversiones en criptodivisas. De lo contrario, puede arriesgarse a comprar monedas a un precio muy alto y luego perder mucho dinero cuando su valor baje. Absténgase de invertir en monedas sólo porque sus compañeros están invirtiendo en ellas. Debe tomar sus propias decisiones basándose en suposiciones inteligentes.

d. Diversifique su cartera.

Hoy en día hay más de mil criptodivisas en el mercado financiero. Por lo tanto, puede elegir fácilmente en cuáles invertir. Sólo tiene que asegurarse de que hace su investigación de antemano. Al igual que con las inversiones en acciones, debe tener apuestas seguras junto con cualquier inversión de alto riesgo que desee hacer.

e. Obtenga beneficios a intervalos.

Si observa de cerca el mercado de criptomonedas, aprenderá que los valores pueden subir y bajar en cualquier momento. Si se dedica al comercio a corto plazo y ve un gran aumento en el valor, es posible que quiera saber si dicho valor aumentará más.

Por otra parte, todo lo que sube tiene que bajar. Por lo tanto, puede aumentar sus probabilidades de obtener rendimientos constantes si establece una estrategia en la que tome ganancias a intervalos regulares.

Uso de Stop-Loss para el Day Trading

Usted utiliza un stop loss cuando establece un precio al que venderá una divisa en caso de que baje su valor. Es muy útil para proteger las operaciones.

Puntos de comercio

Hay que tener en cuenta los siguientes puntos a la hora de operar:

Comercio a largo plazo

Si utiliza una estrategia a largo plazo en las inversiones bursátiles, puede depender de los datos históricos a la hora de tomar decisiones. Sin embargo, esto no siempre ocurre en el caso de las criptomonedas, ya que solo se dispone de una cantidad limitada de datos.

Sin embargo, los que prefieren dedicarse al comercio a largo plazo creen que los datos con la moneda y la actividad reciente del mercado son útiles para predecir los movimientos y el rendimiento de las criptodivisas. Creen que esta estrategia es fiable a largo plazo y que puede ser beneficiosa para las inversiones en criptodivisas.

Comercio a corto plazo

Esta estrategia es la opuesta a la de las operaciones a largo plazo porque su objetivo es obtener un rendimiento de la inversión en un corto periodo de tiempo. Cuando se realiza una operación a corto plazo, se hace una inversión y se espera a que el precio suba. Entonces, puede vender para obtener un beneficio.

Análisis fundamental

Su objetivo es determinar el valor de la moneda basándose en los fundamentos del proyecto. El reto que conlleva se centra principalmente en el hecho de que las criptodivisas no son empresas. Por lo tanto, no tienen ningún estado financiero. Su viabilidad depende simplemente de la fuerza de la comunidad de la red.

Para empezar a hacer un análisis fundamental, hay que buscar libros blancos de proyectos que describan la funcionalidad y los objetivos. También puede buscar contenido en Internet, como en blogs o foros de la comunidad en los que puede interactuar con otros usuarios.

Por supuesto, nada está garantizado. No debe esperar que su inversión en criptodivisas genere beneficios en todo momento. Tiene que mantenerse al día sobre los cambios en los mercados. Asimismo, debe modificar su estrategia en función de los acontecimientos actuales. Permanezca atento a las noticias y asegúrese de tomar buenas decisiones basadas en los hechos.

Análisis técnico

Se refiere al método de análisis de las divisas mediante el estudio de los factores relacionados con los valores de activos similares en el mercado actual y en el pasado por medio de datos de precios y volumen histórico. En esencia, es un método que se basa en la noción de que el futuro se predice por el pasado. Por lo tanto, hace uso del rendimiento de los activos para predecir el rendimiento futuro de las acciones. Hay una variedad de herramientas de gráficos que se pueden utilizar para realizar el análisis técnico de los líquidos.

Indicadores de comercio de criptomonedas

No es difícil buscar indicadores de comercio de criptomonedas. De hecho, puede buscarlos en línea. Algunos de los mejores incluyen Medias Móviles, Índice de Fuerza Relativa, TD Secuencial,

Williams Alligator, Ichimoku, y Estocástico entre otros.

Debe aprender y dominar estas herramientas para poder operar con mayor eficacia en el mercado de criptomonedas. Le ayudarán a obtener una ventaja competitiva en acciones, materias primas y divisas, entre otros. Procure también perfeccionar sus conocimientos y habilidades en la gestión del riesgo y el comercio.

Estrategia de trading en criptodivisas del Índice de Fuerza Relativa

Cuando opera con Bitcoins, necesita aprender cómo funcionan los indicadores de índice de fuerza relativa. Básicamente, usted obtiene una señal larga si su indicador está por debajo de 30 y obtiene una señal corta si está por encima de 70. Como comerciante, usted puede ajustar su indicador en función de su nivel de comodidad. Puede modificarlo si desea utilizar un enfoque más flojo o estricto. Tenga en cuenta que las entradas conservadoras generalmente evitan las pérdidas.

El Índice de Fuerza Relativa se utiliza para medir la velocidad, el cambio y la fuerza de los movimientos de los precios. Puede indicar a los operadores cuándo las tendencias se quedan sin impulso y puede producirse una inversión. También puede indicar cuándo los activos están sobrecomprados o sobrevendidos.

Es fácil de leer y utilizar, especialmente cuando se combina con velas, patrones de gráficos y otras formaciones. De hecho, se considera muy segura, ya que tiene menos desventajas en comparación con otras estrategias. Sin embargo, como trader, tiene que experimentar con su sensibilidad para lo que considera sobrecompra o sobreventa. De lo contrario, las posiciones pueden ser tomadas y usted puede adquirir pérdidas.

La estrategia de la media móvil

Si observa los gráficos, verá que incluso los más básicos incluyen la media móvil. Se muestra en un formato determinado, como el dinámico, el exponencial o el simple. Si utiliza estas líneas, puede beneficiarse de configuraciones de trading que son rentables. Puede ganar dinero cuando los precios pasan por las medias móviles.

Cómo utilizar la media móvil para operar con criptomonedas

Los operadores suelen utilizar las medias móviles para suavizar la acción de los precios durante un periodo de tiempo determinado. Estos indicadores rezagados se basan en las acciones de precios pasadas. Usted tiene que recordar esto cuando se utiliza la media móvil en su comercio de criptomoneda.

Al configurar una media móvil, puede elegir el número de períodos que desea tener en cuenta. Este periodo corresponde a una unidad de tiempo que se basa en el marco temporal que usted observa en su gráfico.

Digamos que tiene una media móvil con un periodo de veintiuno y está viendo un gráfico horario. Verá que el precio se suaviza en función de las últimas veintiuna horas de datos. Por otra parte, si usted está viendo un gráfico diario, se dará cuenta de que el precio se vuelve más suave en función de los últimos veintiún días de la acción del precio.

En esencia, hay dos clasificaciones de medias móviles. Son la media móvil simple y la media móvil exponencial. La anterior es el tipo tradicional, mientras que la segunda es una media móvil ponderada que ofrece más peso a los últimos precios.

En cuanto al periodo de tiempo, la longitud de la media móvil que utilice tiene que depender del estilo de trading que utilice. Por ejemplo, si usted es un operador a corto plazo, puede beneficiarse más de una media móvil corta. Por otro lado, si es un operador o inversor a largo plazo, puede beneficiarse más de una media móvil larga.

Se espera que las medias móviles sirvan como una forma de resistencia y soporte. Al igual que muchos otros indicadores, obtendrá una resistencia o soporte más fuerte si utiliza un marco de tiempo largo.

Pendientes y cruces

En un marco temporal más largo, la inclinación de una media móvil puede ayudarle a definir una tendencia. En realidad es muy sencillo. Usted puede confirmar que un activo está en la tendencia alcista si la media móvil se inclina hacia arriba.

Del mismo modo, si la media móvil se inclina hacia abajo, entonces el activo que está evaluando está en la tendencia a la baja. Tenga en cuenta que las medias móviles son indicadores rezagados. Las pendientes de las medias móviles ayudan a definir las tendencias. No es posible utilizar una sola media móvil para detectar una transición de la tendencia alcista a la bajista.

En cuanto a los cruces, hay que tener al menos dos medias móviles en el gráfico. Para no saturar el gráfico, sólo debe utilizar dos. Tenga en cuenta que una de estas medias móviles debe ser más larga que la otra.

Cuando finalmente tenga una media móvil a largo plazo y una media móvil a corto plazo activadas, deberá estar atento a los cruces. Recuerde que un cruce de medias móviles cortas por encima de una media móvil larga significa que la señal de trading es alcista, mientras que una media móvil corta que cae por debajo de una media móvil larga significa que la señal de trading es bajista.

Como trader, es necesario que incluya las medias móviles en su arsenal para operar.

Ventajas y desventajas de la media móvil

La media móvil es simplemente una fórmula matemática diseñada para estudiar mejor los puntos de datos individuales. Estas herramientas de datos se colocan en una serie de períodos de tiempo para dar lugar a herramientas visuales que usted puede utilizar para señalar si debe o no entrar en un comercio o tomar una posición.

También puede utilizar la Media Móvil para establecer un nivel de stop-loss o planificar un punto de salida. Esto es especialmente útil para los operadores. Puede resultar una estrategia ganadora cuando se utiliza junto con los patrones gráficos.

En realidad, las medias móviles pueden abarcar varios periodos de tiempo. Por lo tanto, hay que tener cuidado al elegir un marco temporal. 50, 100 y 200 son las medias móviles más utilizadas.

La estrategia MACD

MACD es la abreviatura de Moving Average Convergence Divergence. Es un indicador de análisis técnico que fue creado en la década de 1960 por Gerald Appel, un comerciante y autor.

La estrategia MACD es popular entre los operadores de criptomonedas. Proporciona una indicación temprana en cuanto a si una inversión puede venir como las líneas comienzan a girar. Posteriormente confirma la señal si se produce un cruce.

¿Y las ventajas y desventajas?

Como cualquier otra estrategia, el MACD también tiene sus propias ventajas y desventajas. Es comúnmente conocido como un indicador de retraso. De hecho, es uno de los indicadores de análisis técnico más populares de la actualidad. Puede ayudarle a predecir si las tendencias van a cambiar o no.

Además, el MACD puede proporcionarle señales de fácil lectura, así como un histograma que le ayudará aún más en sus operaciones. Puede mostrarle una representación visual de la fuerza de una tendencia y cruces claramente definidos.

Por otra parte, este indicador también está retrasado. Por lo tanto, puede dar lecturas inexactas que pueden hacer que tome posiciones antes de lo necesario.

La estrategia de las bandas de Bollinger

La media móvil simple de las Bandas de Bollinger puede utilizarse como disparador de señales de compra y venta. Puede ser una estrategia exitosa y constante para los operadores de criptomonedas.

¿Y las ventajas y desventajas?

John Bollinger, un conocido analista financiero, creó las bandas de Bollinger en la década de 1980. Se utiliza junto con las velas, los patrones de los gráficos y otros indicadores técnicos. Se puede utilizar como parte de una estrategia rentable y exitosa en el comercio de criptomonedas.

En un indicador de análisis técnico hay dos líneas de desviación estándar, así como una media móvil simple. Estas líneas de desviación se estrechan o amplían en función de la importancia de la volatilidad de la acción del precio.

Cuando estas bandas se estrechan, la volatilidad cae y señala un aumento de la volatilidad. Muchos operadores tienden a cometer el error de operar con las rupturas de las bandas. Alrededor del noventa por ciento de todas las acciones del precio tienen lugar dentro de estas bandas. Por lo tanto, cualquier ruptura de la banda tiende a ser rechazada de nuevo en las bandas.

Se puede obtener un beneficio "montando las bandas". Sin embargo, esto sólo puede ser rentable si el precio se sale de la banda con un gran aumento de volumen.

La estrategia del SAR parabólico

El SAR parabólico coloca una serie de puntos por debajo o por encima de la acción del precio. Es cuando el precio entra en contacto con estos puntos que se muestran en el lado opuesto de la acción del precio. Entonces se emite una señal.

Al observar los gráficos de precios semanales de Bitcoins, verá que se emiten señales de compra y venta cuando el precio pasa por los puntos. Esto depende de la dirección de la acción del precio. Muchos operadores pierden ganancias con esta estrategia. Sin embargo, también les permite operar de forma más conservadora.

Ventajas y desventajas de la estrategia del SAR parabólico

El SAR parabólico también se conoce como indicador de parada y reversión parabólica. Es otro de los indicadores de análisis técnico más utilizados para encontrar posibles retrocesos y calibrar la fuerza de las tendencias. También se considera un indicador rezagado.

El SAR Parabólico se centra en el precio y funciona como una útil herramienta de trading. Cuenta con señales visuales que son muy fáciles de entender y utilizar. Se puede utilizar para confirmar las señales de los indicadores, así como un indicador de análisis técnico independiente. Sin embargo, al igual que el MACD, puede dar señales tardías o falsas, ya que es un indicador rezagado.

La estrategia del "9" secuencial de TD

Esta estrategia es muy sencilla. Si decide utilizarla, tiene que esperar hasta que la señal de 9 compra o venta sea perfecta. Cuando eso ocurra, puede realizar una operación corta o larga. Puede utilizarla en cualquier tipo de activo y le dará una predicción precisa.

Ventajas y desventajas de la estrategia del "9" secuencial de TD

Este indicador de análisis técnico creado por Thomas Demark, un experto en market timing, es muy popular entre los operadores de criptomonedas. Es útil para detectar los mínimos y máximos del Bitcoin.

Por otra parte, aunque es útil, no tiene una precisión del 100%. Si quiere tener una predicción más precisa, es mejor un indicador visual que se base en medias móviles.

Operar con Bitcoins con éxito

Las dos principales criptodivisas utilizadas en el comercio son Bitcoin y Ethereum, respectivamente. Si usted elige ir con Bitcoin, usted tiene que utilizar una estrategia que es 15% de comercio de criptomoneda y 85% de la acción del precio. Tiene que usar un indicador que le funcione.

Lo ideal es utilizar el indicador de volumen de balance. De hecho, la mayoría de los expertos coinciden en que es el único indicador que necesita. Se recomienda específicamente para el comercio diario de Bitcoins. Puede ayudarle a analizar el flujo global de dinero dentro y fuera de los instrumentos. Utilice una combinación de actividad de precios y volumen. Le ayudará a determinar cuánto dinero entra y sale del mercado.

El indicador de volumen en balance puede verse en muchas plataformas de negociación diferentes. También es muy fácil de leer. Por lo tanto, incluso si usted es sólo un comerciante principiante, usted no tendrá un tiempo difícil de usar. Teóricamente, si los Bitcoins cotizan al alza al mismo tiempo que el indicador de Volumen en Balance cotiza a la baja, significa que la gente vende en este rally. Esto indica que el movimiento alcista no se mantendrá por mucho tiempo. Lo mismo puede decirse si los Bitcoins cotizan a la baja al mismo tiempo que el indicador de Volumen en Balance cotiza al alza.

Como operador, usted quiere ver que el indicador de Volumen en Balance va en la misma dirección que el precio del Bitcoin. Tenga en cuenta que los indicadores de trading no siempre son efectivos. Por lo tanto, debe tener precaución al realizar operaciones.

Las reglas del comercio de Bitcoin

Ahora que ha aprendido sobre las estrategias de comercio de criptomonedas, tiene que ser consciente de las reglas tácitas del comercio de Bitcoin. Familiarizarse con las reglas y seguirlas de memoria le hará bien a largo plazo.

Regla #1: Superponer los gráficos de Bitcoin con los de Ethereum y los indicadores OBV.

Básicamente, la configuración de su gráfico debe consistir en tres ventanas para representar cada uno de los tres gráficos. Haga el primer gráfico para Bitcoin, el segundo para Ethereum y el último para el indicador OBV.

Si ha leído y seguido las directrices estratégicas anteriores sobre el comercio de criptomonedas, su gráfico debe ser similar a la figura anterior. Esto debería ser todo por el momento. Su siguiente paso ahora debe centrarse en la creación de la mejor estrategia de Bitcoin.

Regla #2: Buscar la divergencia de dinero inteligente entre el valor de Bitcoin y el valor de Ethereum

Básicamente, usted debe cuidar y monitorear la variación de precios entre Bitcoin y Ethereum. Una de las principales razones por las que querría entender cómo opera el dinero inteligente es porque quiere saber y gestionar el momento adecuado de las brechas en el mercado.

La divergencia de la moneda inteligente se produce cuando una criptomoneda actúa en contra de la otra criptomoneda.

¿Qué queremos decir con esto?

Por ejemplo, si el precio de Ethereum rompe por encima de una resistencia importante o ha alcanzado el precio máximo más alto antes de bajar y Bitcoin no es capaz de acompañarlo, experimentaremos una divergencia de dinero inteligente. Esto significa que hay una incoherencia entre las dos criptomonedas o debemos decir, que la otra ofrece resultados falsos. Con esto, es aconsejable aprender y entender cómo funcionan las estrategias de trading de criptomonedas y Ethereum, para que podamos saber cómo manejar tales ocurrencias.

El concepto de divergencia del dinero inteligente nos permite obtener una ventaja en el mercado financiero. Al conocer y entender cómo funciona, podemos tener más posibilidades de éxito que otras entidades como los inversores minoristas.

Una de las principales razones por las que el concepto de divergencia del dinero inteligente funciona es por el hecho de que el mercado de criptomonedas se mueve en la misma dirección que la tendencia. Hemos aprendido de un montón de fuentes que esta idea en particular también es aplicable a las tres clases principales de activos (acciones o valores, renta fija o bonos, y equivalentes de efectivo). Por lo tanto, también funcionará con la estrategia de comercio de criptomonedas. Antes de comprar, primero debemos necesitar una confirmación del indicador OBV. Entonces, después, vamos a empujar a través de la mejor estrategia de comercio de Bitcoin.

Regla #3: Buscar que el OVB aumente en la dirección de la tendencia.

Si el Bitcoin va por detrás del precio de Ethereum, significa que el Bitcoin tiene que seguir a Ethereum tarde o temprano. También tiene que romper más allá de la resistencia.

¿Cómo se puede saber esto? Bueno, el OBV es bastante notable. Este indicador técnico le mostrará si el dinero real compra o vende Bitcoin. Como comerciante, usted quiere ver el OBV aumentando en la dirección de la tendencia si Bitcoin no está rompiendo por encima del nivel de resistencia. También querrá que supere el nivel anterior cuando estaba cotizando en dicho nivel de resistencia.

Regla #4: Poner una orden de compra limitada en el nivel de resistencia para atrapar posibles rupturas.

Una vez que obtenga una señal verde del indicador OBV, tiene que poner una orden de compra limitada. Tiene que poner esta orden en el nivel de resistencia para anticiparle a cualquier posible ruptura.

Regla #5: Poner la SL por debajo de la vela de ruptura y luego tomar ganancias cuando el OBV llegue a 105.000.

Eres un trader inteligente cuando pones el stop loss por debajo de la vela de ruptura. Además, querrá tomar beneficios cuando la lectura del OBV esté por encima de 105.000. Después de todo, esta es una lectura extrema que significa una pausa en la tendencia.

Cómo mejorar sus operaciones de día con Bitcoin

Al igual que todos los tipos de operaciones, el day trading con bitcoins conlleva riesgos. Sin embargo, es posible reducir estos riesgos. A continuación se indican algunas de las formas en que puede hacerlo:

a. Tenga operaciones diversas. En la medida de lo posible, tiene que diversificar sus operaciones combinando Ripple, Ethereum, Litecoin y Bitcoin entre otras criptodivisas para que puedas reducir los riesgos asociados a estas monedas.

b. Reduzca los costes de negociación. Cuando se abren múltiples posiciones diariamente, el rendimiento diario de la inversión se verá afectado. Por lo tanto, si quiere reducir sus costes de negociación, tiene que ir con una bolsa de confianza que no tenga altas comisiones.

c. Vigile los horarios de las operaciones. Debe tener en cuenta su horario cuando planifique las horas de negociación. Tenga en cuenta que Bitcoin opera las veinticuatro horas del día. No es lo mismo que el horario de 9 de la mañana a 5 de la tarde de la Bolsa de Nueva York.

d. Siga las noticias sobre Bitcoin. Manténgase al día de las últimas noticias sobre criptodivisas. Lea las noticias sobre Bitcoin para estar a la vanguardia. Configure notificaciones en su ordenador y teléfono para que pueda ser alertado cada vez que haya un nuevo desarrollo o noticias sobre las principales criptodivisas.

e. Utilice los stop loss. Tiene que establecer órdenes de stop loss en sus operaciones. Puede empezar con un ratio de beneficios de 2:1.

f. Utilice el análisis técnico. Hay grandes indicadores técnicos que puede utilizar. El OBV, por ejemplo, es uno de ellos. Estos indicadores le ayudarán a tomar buenas decisiones en sus operaciones.

En la actualidad, el mundo sigue dependiendo principalmente de la moneda fiduciaria. Sin embargo, no hay que descartar la posibilidad de que las criptomonedas puedan, algún día, tomar el relevo del sistema monetario fiduciario. Después de todo, el mundo sigue cambiando y los avances tecnológicos se producen con regularidad. Lo mejor es estar preparado para cuando este cambio se produzca en el futuro.

Capítulo 12: Errores en el comercio de criptodivisas que hay que evitar

El comercio de criptomonedas no es para cualquiera. Sólo puede ser realizado por personas que tienen el conocimiento, las habilidades y la actitud para ello. También es imposible dominarlo de la noche a la mañana. Se necesita práctica y perseverancia para poder tener éxito en esta empresa.

Aunque el comercio de criptodivisas puede hacerle ganar mucho dinero, también puede sobreexponerle a los activos digitales. Si no tiene cuidado con sus operaciones, también puede acabar faltando equilibrio en su cartera. Por ello, no debe centrarse únicamente en las estrategias ganadoras. También debe planificar los fracasos.

El mercado de las criptomonedas tiene unas barreras de entrada muy bajas. Esto significa que cualquier persona que tenga un ordenador o un smartphone, así como acceso a Internet, puede empezar a operar con criptodivisas. Por otra parte, como se ha mencionado anteriormente, el comercio de criptomonedas es más que tener un dispositivo electrónico, una conexión a Internet y un capital inicial.

Si quiere que le vaya bien con esta empresa, procure investigar bien. Aprenda sobre los operadores de éxito que le precedieron y averigüe qué les hizo triunfar. Del mismo modo, tiene que averiguar los errores que cometieron y cómo puede evitar cometerlos usted mismo.

Para ayudarle, aquí tiene algunos de los errores en el comercio de criptomonedas que debe evitar:

Error nº 1: Utilizar dinero real para operar en lugar de practicar el trading con papel como principiante

Los operadores principiantes deben practicar antes de salir a los mercados financieros y operar con dinero real. No es una buena idea utilizar dinero real de inmediato si se está empezando a operar, especialmente cuando hay muchas plataformas y recursos disponibles para operar con papel.

Los que quieren convertirse en operadores profesionales tienen que crear un sistema que se base en pautas sencillas de gestión del riesgo, entradas y salidas. Al principio, hay que hacer operaciones sobre papel hasta que se esté preparado para salir a los mercados financieros reales y arriesgarse a perder dinero de verdad.

Error #2: Operar sin ningún stop loss

Como los operadores principiantes no están acostumbrados a operar, aún no están expuestos a los altibajos de los mercados financieros. Por lo tanto, tienden a ser emocionales cuando se trata de sus operaciones. Suelen tener dificultades para aceptar las pérdidas.

Hay que entender que los operadores deben tener la capacidad de seguir adelante y aceptar las pérdidas lo antes posible. De esta manera, pueden pasar a la siguiente operación sin ningún tipo de sentimiento de agobio. Los que no son capaces de hacer esto se vuelven más propensos a perder más dinero. Sí, es cierto. Si no es capaz de superar sus sentimientos y dejar ir una pérdida rápidamente, tenderá a perder más dinero a largo plazo.

Por lo tanto, si quiere convertirse en un operador de éxito, tiene que saber regular sus emociones. Tiene que establecer un stop loss y abstenerse de moverlo si la operación no va a su favor. De lo contrario, su comportamiento se volverá destructivo y terminará por arruinar su cuenta.

Error nº 3: No mantener el equilibrio correctamente

Los operadores expertos saben cómo mantener su equilibrio adecuadamente. De hecho, tienen carteras equilibradas que les impiden ir a la quiebra. En realidad, depende de usted la cantidad de dinero que asigne a su comercio.

Por ejemplo, puede asignar el diez por ciento de su dinero al comercio de criptodivisas. Dentro de su cartera de criptodivisas, el setenta por ciento puede ser para sus posesiones a largo plazo, el quince por ciento puede ser para el comercio, y otro quince por ciento puede ser en efectivo. Usted puede elegir sólo el comercio con el quince por ciento de su cartera, siendo esta cartera el diez por ciento de su patrimonio neto total.

Tenga siempre en cuenta su plan de inversión. Compruebe si ha trazado su asignación de activos objetivo. El reequilibrio es en realidad el proceso de devolver una cartera a la asignación de activos objetivo.

A muchos operadores les resulta difícil debido a su tendencia a obligar a los operadores a vender sus clases de activos que están rindiendo bien, al tiempo que les obliga a comprar más de sus clases de activos que están rindiendo peor. Esta acción contraria resulta difícil de comprender para muchos inversores principiantes.

Error nº 4: Añadir a las operaciones perdedoras

No hay que confundir entre el comercio y la inversión porque son dos cosas diferentes. Los inversores suelen promediar sus posiciones en activos sólidos que tienen horizontes temporales largos.

Los operadores, por su parte, tienen niveles de riesgo definidos, así como la invalidación de las operaciones. Una vez que llegan a su stop loss, dichas operaciones quedan invalidadas y tienen que pasar a otros activos. Si opta por convertirse en un operador, nunca debe promediar hacia abajo.

Error nº 5: No llevar un diario específico para el comercio

Llevar un diario puede parecer elemental, pero en realidad es necesario en el trading. Los operadores expertos tienen planes y los anotan en sus diarios. Como trader, tiene que hacerse responsable de todas sus acciones.

Esto sólo se puede hacer registrando los detalles de las operaciones en un diario. Puede llevar un diario en papel o un diario digital, aunque muchos operadores prefieren anotar sus operaciones en papel porque hacerlo les permite entenderlo todo mucho mejor.

Llevar un diario de operaciones es la mejor manera de evitar cometer los mismos errores que en el pasado. También le permite aprender cosas nuevas al recordar sus estilos de negociación anteriores. Es importante que siempre registre su estado emocional, los resultados de las operaciones y el proceso de pensamiento. Esto le ayudará en gran medida a tener éxito en el trading.

Error nº 6: arriesgar más de lo que se puede perder

En el comercio de criptomonedas, la gente generalmente se siente atraída por la idea de ganar mucho dinero si están en el lugar y el momento adecuados. Debido a esta creencia, tienden a ir con todo y arriesgar todo lo que tienen.

Es bueno si acaban teniendo grandes intercambios. Sin embargo, no siempre es así. Si no tiene cuidado, puede acabar perdiendo mucho dinero, y no puede culpar a la suerte. Tiene que ser responsable de sus acciones, así que tiene que hacer riesgos calculados cuando se trata de operar.

Error nº 7: No tener suficiente capital

No es necesario que tenga un capital enorme, pero tampoco debe estar descapitalizado. Recuerde el viejo dicho de que se necesita dinero para ganar más dinero. Por lo tanto, antes de empezar a operar con criptomonedas, asegúrese de tener suficientes fondos en su cuenta.

Muchos comerciantes principiantes piensan que pueden hacer toneladas de dinero incluso sin levantarse del sofá. Mientras que el comercio de criptomonedas se puede hacer en casa y en su sofá, esta única creencia es falsa, a menos que, por supuesto, usted tiene una gran cantidad de capital para empezar. Usted todavía tiene que salir y ganarse la vida para que pueda apoyar su comercio de criptomoneda.

Si quiere ser un trader profesional, tiene que aspirar a mantener toda su vida a través del trading. Esto significa que sus beneficios tienen que cubrir sus gastos de manutención, sin hacer mella en su capital de trading. Por lo general, esto significa que debe tener entre 50.000 y 100.000 dólares para comerciar, así como un beneficio regular del diez por ciento cada mes.

Ahora, esto puede ser bastante difícil de lograr si usted es sólo una persona normal. Por lo tanto, usted realmente tiene que prepararse antes de entrar en el comercio de criptomoneda. Los comerciantes principiantes que miran en gafas de color de rosa a menudo se encuentran estresado cada vez que no tienen sus expectativas se alinean con sus resultados reales.

Error nº 8: Utilizar el apalancamiento

En el comercio de criptomonedas, el apalancamiento puede ser un arma de doble filo. Por lo tanto, debe abstenerse de utilizarlo. Recuerde que puede aumentar sus ganancias en una operación rentable y agravar sus pérdidas en una operación perdedora.

Sólo debe utilizar el apalancamiento si está lo suficientemente seguro de sus habilidades en el comercio. Sólo los operadores expertos que han estado operando con criptomonedas durante años pueden utilizar el apalancamiento con éxito. Si aún no tiene experiencia, el uso del apalancamiento podría agravar sus pérdidas rápidamente y dejarle sin dinero.

Error #9: Actuar en base a indicadores y patrones de trading que no son muy claros para usted

Cuando usted comenzó con el comercio de criptomonedas, es comprensible que aún no sea bueno con el análisis técnico. Es posible que identifique patrones gráficos que no existen o que son erróneos en función de la ubicación del gráfico y el contexto.

Por lo tanto, usted tiene que desarrollar un sistema simple para su comercio, así como abstenerse de tomar decisiones sobre los indicadores o patrones que usted no entiende completamente. Hay que empezar con resistencias y soportes sencillos. También puede comenzar con indicadores claros como las medias móviles exponenciales.

Error nº 10: Seguir el rebaño

No sea una oveja porque no lo eres. Eres un ser humano capaz de pensar por sí mismo. Por lo tanto, tiene que abstenerse de limitarse a seguir al rebaño. De lo contrario, podría acabar gastando más dinero del necesario.

Los operadores expertos están acostumbrados a salir de las operaciones cuando éstas se llenan de gente. Los operadores principiantes, en cambio, pueden permanecer en una operación más tiempo del necesario, incluso después de que el dinero inteligente haya salido. También es posible que no tengan la suficiente confianza para ser contrarios cuando sea necesario.

No sea como los comerciantes de criptomonedas que siguen ciegamente a los llamados gurús del comercio. También debe desconfiar de las personas que puedan estar manipulando en su propio beneficio. Utilice siempre su sentido común y confíe en sus propias habilidades.

Error nº 11: Operar en el fondo

Los operadores principiantes suelen cometer el error de operar a la baja. Observan la caída de un activo de criptodivisas y tratan de comprar al precio más bajo posible. Si esto le parece atractivo, tiene que aprender que no es una buena forma de operar. Si hace operaciones de fondo, puede perder todas sus inversiones.

Error #12: Hodling

Al igual que el comercio de fondo, puede perder sus inversiones con el hodling. Hodling es básicamente acaparar. Se refiere a mantener los activos digitales en lugar de negociarlos activamente. Si mantiene sus criptodivisas durante mucho más tiempo del necesario, puede perder dinero.

Error #13: Confiar sólo en el instinto

No es malo confiar en sus instintos. Sin embargo, no debe confiar únicamente en sus instintos, especialmente cuando opera con criptodivisas. Como sabes, el precio de las criptodivisas es muy volátil. Un minuto puede estar bajo, al siguiente puede estar alto. Nunca se puede estar demasiado seguro de su precio.

Por eso hay que tener cuidado al hacer operaciones. Tenga en cuenta que las operaciones pueden colapsar y producir grandes pérdidas de repente. Tiene que dominar sus emociones al igual que los corredores de bolsa. Utilice la lógica en lugar de los sentimientos.

Error #14: Operar con criptomonedas sin valor

Bitcoin es la más popular de todas las criptodivisas. Hace muchos años, era la única criptodivisa. Hoy, sin embargo, hay más de tres mil criptodivisas conocidas.

Por otra parte, muchas de estas criptomonedas alternativas o altcoins, como se las conoce más comúnmente, no tienen mucho valor. Por lo tanto, hay que investigar bien y evitar invertir en criptodivisas que no tienen valor.

Error nº 15: No tener seguridad

Como las criptomonedas son digitales, son propensas a ser pirateadas. El dinero virtual, a diferencia del dinero fiduciario, no puede encerrarse en bóvedas. Por lo tanto, debe tener cuidado con los intercambios que utiliza. Nunca debe permitir que sus criptodivisas permanezcan en un intercambio si no está operando activamente.

Tenga en cuenta que muchos intercambios son propensos a la piratería. De hecho, se han perdido más de mil quinientos millones de criptodivisas debido a la piratería. Esto dejó a muchos comerciantes devastados.

Error nº 16: Antropomorfizar el mercado

Ten en cuenta que los mercados financieros no tienen agencia. Hay que entenderlos bien para poder operar con criptodivisas de forma efectiva. El mercado es en realidad la suma de todas las transacciones económicas. No es una entidad monolítica que compite con usted. Por lo tanto, hay que abstenerse de antropomorfizarlo o personificarlo.

Error nº 17: No diversificar

Hay un refrán que dice que nunca hay que poner todos los huevos en una sola cesta. Este dicho puede aplicarse al comercio de criptomonedas. En realidad, el concepto de diversificación existe desde hace siglos. Es cierto que si se apuesta todo, también se puede perder todo.

Por lo tanto, hay que diversificar aunque se crea que se ha encontrado un valor seguro. No le perjudicará diversificar y tener más variedad. Con la diversificación, podrá conservar algo de dinero en lugar de perderlo todo en una operación.

Error nº 18: Confiar en el azar en lugar de en la habilidad

Operar no es como jugar a la lotería. Con el trading, puede aumentar sus probabilidades de ganar si tiene un buen plan y se ciñe a él. Con la lotería, no hay nada que pueda hacer salvo elegir una combinación de números y esperar a que se publiquen los resultados.

Si quiere tener éxito en el comercio, tiene que estar bien informado y leer. También debe estar actualizado con las últimas tendencias y noticias sobre las criptodivisas. Nunca debe confiar sólo en la buena suerte. Los operadores expertos pueden parecer afortunados, pero en realidad han pasado toneladas de horas investigando y practicando.

Error #19: Creer fácilmente a los demás

En pocas palabras, no debe creer a casi nadie sobre casi nada. Esto es especialmente cierto con el comercio de criptomonedas. A lo largo de su carrera comercial, se encontrará con personas que afirman ser expertos o gurús.

Estas personas tratarán de hacer que usted vea sus seminarios web o compre algo que están vendiendo. Tratarán de forzar sus creencias en usted. No debe ceder a la presión. En su lugar, usted tiene que creer en su propio ser. Después de todo, usted es el comerciante de criptomoneda.

Error #20: Vender con pánico

Los operadores son un tipo especial de personas porque tienen estómagos de hierro. Son capaces de enfrentarse a los mercados financieros, que son difíciles de predecir. Como trader principiante, debe abstenerse de cometer el error de vender por pánico. Debe resistir el impulso de vender incluso cuando las cosas parezcan estar mal. Debe desarrollar un estómago de hierro para poder ser como los operadores expertos.

A veces, sería más sensato reducir las pérdidas. Por otra parte, recuerde que no son pérdidas hasta que las venda. Su inversión puede volver a subir si se limita a mantenerla. Como comerciante, no debe limitarse a vender barato y comprar caro. Si lo hace, sólo perderá dinero. Hay que ser lo suficientemente inteligente como para no cometer errores. No entre en pánico fácilmente. Utilice su lógica y su capacidad de razonamiento.

Error #21: No saber conservar el dinero y luego ganar más

Si no sabe lo que tiene que hacer después de ganar algo de dinero, tendrá tendencia a perder lo que tiene. Por eso hay que practicar la venta escalonada.

No hay que aguantar demasiado tiempo como para empezar a perder dinero. Tampoco debe vender todo de una vez. Esto sólo le hará perder el mayor auge. Practicar la venta escalonada le permitirá ganar dinero y posiblemente ganar aún más.

Error 22: cometer la falacia del coste hundido

La falacia del coste hundido consiste en seguir participando en algo sólo porque hay muchos recursos invertidos en ello. No importa realmente la importancia de estos recursos. No debe arriesgarse a perder dinero sólo porque le importe demasiado el trabajo, el tiempo, las emociones o el dinero que ya ha invertido.

Error #23: Ser envidioso

Como sabes, ser emocional mientras se comercia no es algo bueno. Y lo que es peor, tener envidia del éxito de los demás sólo le impedirá tener éxito usted mismo. Tiene que aprender a apreciar lo que tiene y ver siempre el lado positivo.

Tenga en cuenta que siempre que alguien gana, usted también gana. Se convierte en un ganador cuando es capaz de aprender algo de esa victoria.

Capítulo 13: La relación entre riesgo y recompensa

Como operador, es fundamental que entienda el concepto de riesgo. Esto le servirá de base para sus decisiones de inversión y actividades comerciales. También le ayudará a hacer crecer y proteger su cuenta de trading.

Además de la gestión del riesgo, la fijación de un stop-loss y el dimensionamiento de la posición, también hay que saber cuánto riesgo se asume en relación con la recompensa potencial. Tiene que saber cómo se compara esta ventaja potencial con la desventaja potencial. Esencialmente, tiene que conocer su relación riesgo-recompensa.

¿Cuál es la relación entre riesgo y recompensa?

La relación riesgo-recompensa calcula el riesgo que asume un operador por una posible recompensa. Básicamente, muestra la recompensa potencial por cada dólar que se arriesga en una inversión.

Es fácil calcular la relación entre riesgo y beneficio. Simplemente, divida el riesgo máximo entre el beneficio neto objetivo. Para ello, fíjese en dónde quiere entrar en la operación. A continuación, tiene que decidir dónde quiere recoger los beneficios en caso de que la operación tenga éxito. También tiene que decidir dónde quiere poner el stop-loss en caso de que la operación sea perdedora.

Debe calcular su relación riesgo-recompensa si desea gestionar adecuadamente su riesgo. Los operadores expertos fijan los límites de pérdidas y los objetivos de beneficios antes de entrar en una operación. Una vez que tenga sus objetivos de salida y entrada, puede empezar a calcular su relación riesgo-recompensa. Sólo tiene que dividir el riesgo potencial entre la recompensa potencial. Tenga en cuenta que cuanto menor sea la relación, mayor será la recompensa potencial que pueda obtener por cada unidad de riesgo.

Para ayudarle a entender mejor el concepto de relación riesgo-recompensa, consideremos el siguiente ejemplo:

Digamos que usted desea entrar en una posición larga con Bitcoin. Tiene que realizar un análisis y establecer que su orden de toma de beneficios sería del quince por ciento del precio de entrada. Asimismo, tiene que averiguar dónde se invalida su idea de operación. Aquí es donde usted tiene que establecer el stop-loss basado en su análisis de mercado. Los indicadores de análisis técnico le serán de gran ayuda a lo largo de su carrera comercial.

Si su objetivo de beneficios es del quince por ciento y su pérdida potencial es del cinco por ciento, su relación riesgo-recompensa se convierte en 0,33 o 1:3 o 5/15. Esto significa simplemente que por cada unidad de riesgo, usted está ganando potencialmente tres veces la recompensa. Es decir, por cada dólar de riesgo que asuma, podrá ganar tres. Si tiene una posición que cuesta 100 dólares, se arriesga a perder 5 dólares para tener un beneficio potencial de 15 dólares.

Puede mover su stop loss más cerca de su entrada para reducir el ratio. Por otra parte, los puntos de salida y entrada no deben calcularse en función de cifras arbitrarias. Por el contrario, deben calcularse en función de su análisis. Puede que no merezca la pena intentar jugar con los números si la configuración de su operación tiene una alta relación riesgo-recompensa. Puede ser mucho mejor seguir adelante y buscar otra configuración que tenga una mejor relación riesgo-recompensa.

Tenga en cuenta que las posiciones de distinto tamaño pueden tener la misma relación riesgo-recompensa. Por ejemplo, si tiene una posición que cuesta 10.000 dólares, puede arriesgarse a perder 500 dólares por la posibilidad de obtener un beneficio de 1.500 dólares. Esto le da una relación riesgo-recompensa de 1:3. Dicha relación sólo cambia cuando usted cambia la posición relativa de su stop-loss y su objetivo.

Además, debe tener en cuenta que muchos de los que realizan cálculos inversos optan por calcular la relación entre la recompensa y el riesgo. ¿Por qué lo hacen? Bueno, es simplemente una cuestión de elección. Algunos operadores encuentran más fácil el cálculo inverso. Después de todo, es simplemente lo contrario de la fórmula de la relación riesgo-recompensa. Por lo tanto, si utiliza el cálculo inverso para nuestro ejemplo anterior, obtendrá una relación recompensa/riesgo de 3 o 15/5. Como puede ver, una relación recompensa/riesgo alta es mucho mejor que una relación recompensa/riesgo baja.

Riesgo frente a recompensa

Imagine que está en un zoo y hace una apuesta. Su amigo dice que le dará un Bitcoin si se acerca a un loro y le da de comer de sus manos. Como sabe, este tipo de comportamiento no está permitido en los zoológicos. Por lo tanto, hay un riesgo potencial en esta situación. Si le descubren dando de comer a los animales, tendrá problemas. Por otra parte, si no le descubren, se llevará un Bitcoin.

Ahora, pasemos a otro escenario. Esta vez, su amigo le propone una alternativa. Le dará 1,1 Bitcoin si se acerca a un tigre y le da carne cruda con sus propias manos. De nuevo, hay un riesgo potencial en esta situación. De hecho, el riesgo es mayor que el de nuestro ejemplo anterior.

Si le descubren dando de comer al tigre, tendrá problemas con las autoridades del zoo. Además, si el tigre le ataca mientras lo alimenta, podría perder la mano o incluso la vida. Por otro lado, si no ocurre ninguna de estas dos cosas, recibirá 1,1 Bitcoin, y esta es una recompensa mejor que la anterior, que es sólo un Bitcoin.

Entonces, ¿cuál de estos acuerdos parece el mejor? Bueno, ambos tratos son realmente malos porque le pondrán en problemas. Sin embargo, asume mucho más riesgo si elige la apuesta alternativa, que implica alimentar a un tigre. Meterse en problemas y arriesgar la vida no merece la pena por la recompensa potencial de 1,1 Bitcoin. Después de todo, su vida es preciosa.

Del mismo modo, muchos operadores buscarán configuraciones comerciales en las que puedan ganar más de lo que pueden perder. Esto es lo que se denomina una oportunidad asimétrica. Se trata de una oportunidad asimétrica en la que la posible ganancia es mejor que la posible pérdida.

Además, tiene que tomar nota de su tasa de ganancias, que se refiere al número de operaciones ganadoras dividido por el número de operaciones perdedoras. Por ejemplo, si tiene una tasa de ganancias del sesenta por ciento, puede obtener un beneficio del sesenta por ciento de sus operaciones. Disponer de este tipo de información puede ayudarle a gestionar sus riesgos.

Por otra parte, hay operadores que pueden obtener enormes beneficios a partir de tasas de ganancia muy bajas. Son capaces de hacer esto cuando la relación riesgo-recompensa en sus configuraciones comerciales son capaces de acomodarlas.

De lo contrario, si se limitan a tomar configuraciones con una relación riesgo-recompensa de 1:10, pueden perder nueve operaciones simultáneamente y alcanzar el punto de equilibrio en una sola operación. Cuando esto ocurra, sólo necesitarán ganar dos de cada diez operaciones para obtener beneficios. Esto muestra cómo el cálculo del riesgo frente a la recompensa puede beneficiarle enormemente.

Capítulo 14: El mejor software para operar con criptomonedas

Los comerciantes de hoy en día son muy afortunados porque tienen una amplia gama de opciones para elegir cuando se trata de herramientas y equipos de comercio. Pueden comprar fácilmente un programa de software o una plataforma de comercio de criptomonedas que pueden utilizar para mejorar su comercio.

Estos programas de comercio de criptomonedas, o bots como se les conoce más comúnmente, pueden ayudarle a comprar y vender criptomonedas en el momento adecuado. Su principal objetivo es ayudar a los usuarios a aumentar sus ingresos y reducir sus riesgos y pérdidas.

Estas aplicaciones le permitirán gestionar sus cuentas de intercambio de criptomonedas al mismo tiempo. De hecho, puede mantenerlas en un solo lugar para facilitar el acceso. Usted puede utilizar estos programas de software para el comercio de Bitcoin, Ethereum, y Litecoin entre otras monedas digitales.

Guía de bots de comercio de criptomonedas

Los bots de comercio de criptomonedas son básicamente programas de software automatizados que permiten a los comerciantes comprar y vender criptomonedas con facilidad y comodidad. Les ayuda a realizar operaciones durante los mejores momentos posibles para que puedan obtener los máximos beneficios.

El objetivo principal de estos bots de comercio es reducir los riesgos y las pérdidas al tiempo que aumentan los ingresos. Permiten a los operadores gestionar sus cuentas de intercambio de criptomonedas en un solo lugar para que puedan evitar las molestias del comercio.

Los bots de trading, si se ejecutan correctamente, pueden realizar una serie de funciones como la gestión de carteras, la recopilación de datos, el enrutamiento inteligente de órdenes y el rebalanceo, entre otras. Luego, hay ciertos aspectos que hay que mejorar con ellos.

Por ejemplo, las tareas repetitivas suponen mucho esfuerzo y tiempo. Un bot de comercio de criptomonedas automatizado puede ayudarle a copiar y pegar tareas específicas para que pueda operar sin ninguna molestia. Incluso mejor, puede ayudarle con los rebalanceos periódicos.

Si tiene que realizar estos reequilibrios cada hora, debe establecer una alarma para cada hora o crear un programa que haga que el bot de trading reequilibre su cartera cada hora.

El tiempo es otro aspecto que hay que tener en cuenta. Como sabe, el éxito de las operaciones requiere precisión. Tiene que colocar sus operaciones en el momento adecuado para poder obtener beneficios.

Su bot de trading puede ayudarle a monitorizar el mercado cuidadosamente para que pueda observar los precios y vender sus criptodivisas en el momento adecuado. Del mismo modo, podrá ejecutar operaciones en el momento adecuado.

Además, todos los pares de divisas tienen que determinarse cuidadosamente según su precio de negociación y la cantidad de activos. Todo el recorrido tiene que ser completado dentro de un determinado marco de tiempo, así como las condiciones del mercado. Un buen bot de comercio le permitirá automatizar estrategias complejas de forma fácil y rápida.

Cómo elegir un buen bot de comercio de criptomonedas

Como usted sabe, hay una variedad de software de comercio de criptomoneda o bots disponibles en el mercado. Todos y cada uno de ellos tienen sus propias características únicas que pueden ayudar a los comerciantes a mejorar su comercio y el potencial de ganancias. Entonces, ¿cómo puede saber qué software de comercio o bot para elegir?

Bueno, las siguientes son algunas de las características que usted tiene que buscar en un software de comercio de criptomoneda o bot:

a. Prueba gratuita

Muchos programas de trading o bots están disponibles de forma gratuita. Los que tienen un precio, sin embargo, deberían ofrecer una versión de prueba gratuita. De esta manera, los comerciantes que deseen explorar sus características serán capaces de hacerlo. Siempre es una buena idea experimentar de primera mano lo que un bot de comercio de criptomonedas puede hacer antes de comprarlo.

b. Backtesting

Los bots de criptomonedas que cuentan con backtesting son útiles cuando se prueban las estrategias de trading contra los datos históricos. Permiten a los operadores ver cómo funcionan sus estrategias en las diferentes condiciones del mercado.

c. Comercio social

Lo ideal es aprender a crear sus propias estrategias de trading. Sin embargo, no estaría de más seguir las estrategias de otros operadores de éxito. Disponer de una herramienta de trading que permita crear estrategias efectivas es ciertamente útil.

d. Índices

Muchos bots de trading ofrecen la automatización de carteras. Es crucial averiguar cómo crean los índices. Tenga en cuenta que las buenas herramientas de trading ofrecen información sobre cómo se pondera la capitalización del mercado en el índice, así como qué monedas se muestrean.

e. Basado en el servidor o en la nube

En la actualidad, casi todo se puede almacenar en la nube. Los archivos de su smartphone y su ordenador pueden tener una copia de seguridad en la nube. Lo mismo ocurre con los bots de criptomonedas.

Los bots de criptomoneda modernos suelen estar basados

en la nube. Esto hace que el almacenamiento y el acceso a los datos sea fácil, rápido y conveniente. También asegura que la información vital está respaldada y segura en caso de que el dispositivo se pierda, sea robado o dañado. No es aconsejable que los comerciantes utilicen herramientas de comercio que requieran ordenadores o servidores para funcionar en todo momento.

f. Comunidades comerciales

Es bueno poder comparar sus herramientas de trading con otros traders. La mayoría de las veces, los operadores utilizan plataformas como Discord, Reddit y Telegram para discutir estrategias y hacer comparaciones de trading.

g. Asistencia y tutoriales

Muchos operadores de criptodivisas han creado blogs, vídeos y módulos que pretenden ayudar a otras personas a aprender sobre el trading. Si usted es un trader principiante, puede utilizar estos recursos para tener una mejor comprensión de los conceptos, estilos, términos, etc. Poder acceder a tutoriales, así como contactar con el servicio de atención al cliente, es muy beneficioso.

h. Integraciones de software fiscal de criptomonedas

Cuando se utilizan bots de criptomonedas para operar, es más fácil obtener beneficios y minimizar las pérdidas. Del mismo modo, es más conveniente crear informes fiscales. Es esencial considerar las empresas de software de impuestos de criptomoneda que van bien con su plataforma de comercio preferida.

Aquí hay factores adicionales que usted tiene que considerar al elegir el software de bot de comercio de criptomoneda:

i. Credibilidad del equipo

183

Ya que va a confiar su cartera de comercio a un bot de comercio de criptomonedas, necesita asegurarse de que el equipo detrás de él es creíble y calificado. Usted puede verificar su credibilidad por ir a través de la siguiente lista de verificación:

- Averigüe el nivel de experiencia de los miembros de su equipo. Esto le permitirá determinar si están realmente cualificados o no.

- Averigüe si tienen una buena cartera

- Averigüe si la funcionalidad del bot está bien documentada

- Adquirir información sobre cómo el equipo recauda fondos

Procure que el equipo sea transparente con respecto a su desarrollo para que pueda responsabilizarse de sus acciones.

j. Uso de la estrategia

Tiene que averiguar si su bot de comercio utiliza la estrategia correcta. De un vistazo a la página web oficial y mire los comentarios que otras personas han hecho. Asegúrese de que usted también mira sobre las directrices, así como averiguar cómo el robot de comercio se puede configurar.

Está bien tener un conocimiento medio de la tecnología, pero si usted no cree que sea lo suficientemente conocedor de la tecnología para un bot de comercio, entonces probablemente no debe obtener uno hasta que esté listo.

k. Fuerte apoyo del equipo

Hay que determinar el grado de apoyo que el equipo de desarrollo está dispuesto a ofrecer. Puede hacerlo siguiendo esta lista de comprobación:

- Compruebe si la organización tiene una comunidad online activa.

- Averigüe si el equipo de desarrollo se comunica activamente con dicha comunidad en línea.

- Asegúrese de que los desarrolladores proporcionan soluciones a los errores y otros problemas de manera oportuna.

l. Costes implicados

Antes de adquirir un bot de criptomoneda, debe averiguar su coste. Conocer los costes implicados puede ayudarle a ahorrar dinero y tiempo. También puede querer saber si se ofrecen servicios gratuitos, como una versión de prueba gratuita.

m. Posibilidad de ajuste

Averigüe si es posible ajustar el bot de comercio de criptodivisas según las condiciones de los mercados financieros. Por lo general, los bots de comercio de criptomonedas realizan estrategias de comercio utilizando su propio enfoque. Como comerciante, usted quiere ver si su bot puede ajustarse bien en las condiciones cambiantes del mercado.

n. Facilidad de uso

Por supuesto, la facilidad de uso y la comodidad son excelentes cualidades para buscar en un bot de comercio de criptomonedas. Si usted es nuevo en el comercio de criptomonedas, es posible que desee considerar lo siguiente:

- Compruebe la funcionalidad. Su bot de comercio de criptomonedas debe tener una interfaz fácil de usar con análisis detallados. De esta forma, podrás establecer objetivos de pérdidas y beneficios mientras personalizas las estrategias de trading.

- Averigüe si hay una variedad de herramientas disponibles. Debería poder utilizar herramientas que le permitan analizar, hacer backtest y crear carteras. También puede elegir un bot de trading que le permita copiar las estrategias de los traders de éxito.

- Averigüe si el bot de comercio de criptomonedas permite a los usuarios establecer los precios a los que los comerciantes tienen que vender para detener las pérdidas o para obtener un beneficio.

- Comprueba si el bot de comercio de criptomonedas ofrece una aplicación móvil que pueda descargar e instalar en su smartphone. De esta manera, podrás operar en cualquier momento y desde cualquier lugar.

Los beneficios y desventajas de usar un bot o software de comercio de criptomonedas

Al igual que cualquier otra herramienta, un bot o software de comercio de criptomonedas tiene sus propios beneficios e inconvenientes. Por supuesto, estos beneficios e inconvenientes también dependerán de la marca y el modelo del bot. Sin embargo, los siguientes son algunos de los beneficios e inconvenientes más comunes que los comerciantes tienden a experimentar cuando se utilizan bots de comercio de criptomoneda o software:

Los beneficios

    a. Eficiencia

       Los bots de comercio de criptomonedas tienen la capacidad de analizar las condiciones del mercado y hacer predicciones precisas basadas en el estado actual del mercado financiero.

Si usted no es tan bueno en la multitarea, el uso de un bot de comercio de criptomoneda puede llegar a ser beneficioso para usted. Le ayudará a ser más eficiente en la realización de operaciones.

b. Aumento de la velocidad

Los bots de comercio de criptomonedas ayudan a los operadores a colocar órdenes rápidamente. Esto los hace más efectivos y confiables que los humanos cuando se trata de colocar órdenes de manera oportuna. Como usted sabe, el retraso en las operaciones puede resultar en la pérdida de valor de una criptomoneda.

c. Periodo de funcionamiento

A menos que no tenga una vida social u otras cosas mejores que hacer que comerciar con criptomonedas, poder alejarse de la pantalla del ordenador de vez en cuando es algo maravilloso.

Con un bot de comercio de criptomonedas, no tiene que estar pegado a su ordenador o smartphone durante veinticuatro horas al día, siete días a la semana. El bot se encargará de las operaciones por usted para que no pierda ninguna oportunidad aunque esté lejos de su ordenador.

Los inconvenientes

a. No aplicable a todos

Los bots de comercio de criptodivisas requieren los conocimientos y habilidades adecuados. Por lo tanto, si usted es un comerciante principiante que no tiene suficiente conocimiento y experiencia, usted no puede ser capaz de maximizar su robot de comercio cryptocurrency.

Del mismo modo, si no eres experto en el uso de la tecnología más básica, un bot de comercio de criptomonedas puede no ser útil para usted. Tiene que saber cómo configurar y utilizar correctamente estas herramientas para maximizar sus beneficios y minimizar sus pérdidas.

No saber cómo operar un bot de comercio de criptomoneda no sólo desperdiciar su dinero en su compra, pero también puede perder dinero durante las operaciones. Asegúrese de que usted está realmente listo para usar un bot de comercio de criptomoneda antes de considerar la posibilidad de conseguir uno.

b. Requiere supervisión

En tiempos de alta volatilidad, un bot de comercio de criptomonedas puede no ser la herramienta más útil para un comerciante como usted. Estas herramientas no están vinculadas al dinero. Por lo tanto, sólo pueden conducir a pérdidas masivas si no se controla adecuadamente.

c. Preocupación por la seguridad

Por supuesto, al igual que cualquier otra cosa que esté conectada a Internet, los bots de comercio de criptomonedas son susceptibles de ser atacados por hackers. Si no es cuidadoso y responsable, puede exponerse a riesgos como el robo y el phishing. Debe tener mucho cuidado cuando opere con criptodivisas.

¿Son legales y rentables los bots de comercio de criptomonedas?

Sí, los bots de comercio de criptomonedas son legales, pero su rentabilidad no tiene realmente una garantía. Después de todo, los bots de comercio de criptomonedas son simplemente programas de software. Al igual que cualquier otro programa de software por ahí, que ayudará al usuario a alcanzar el éxito, pero tal éxito seguirá dependiendo en última instancia de los conocimientos del usuario, habilidades, y la actitud.

Además, los bots de trading y las plataformas automatizadas conllevan muchos riesgos. También hay que recordar que los bots de trading pueden ser beneficiosos para los traders, pero no para los inversores y los individuos que acaban de empezar a operar con criptodivisas.

Los diferentes tipos de bots de trading para criptomonedas

Los siguientes son los diferentes tipos de bots de comercio que usted tiene que familiarizarse con si usted espera hacer bien en el comercio de criptomoneda. Obtener suficiente conocimiento sobre ellos le ayudará a tomar una decisión con respecto a qué tipo elegir.

d. Arbitraje

Su estrategia consiste en comprar monedas en un intercambio y luego venderlas en otro simultáneamente. Tiene que utilizar esta estrategia si quiere obtener beneficios seguros y rápidos.

e. Creación de mercados

Mediante la creación de mercado, puede evitar grandes oscilaciones en los precios. Por lo general, se trata de hacer órdenes de compra y venta limitadas cerca del precio actual del mercado. Una gran cantidad de operadores de bots de creación de mercado están conectados con su proyecto de comercio.

f. Comercio de impulso

También se conoce comúnmente como sistema de seguimiento de la tendencia. Se recomienda para montar ondas de impulso positivo con los activos, así como para venderlos cuando el impulso del mercado se invierte. En general, el coste de los activos aumenta más allá de la media antes de salir del impulso y caer. Cuando esto sucede, es necesario comprar y vender.

g. Reversión media

Es un tipo de bot de comercio de criptodivisas en el que las estrategias se crean bajo el supuesto de que si el precio de una criptodivisa difiere de la media, puede revertirse a dicha media.

h. Copiar el comercio

Permite a los operadores copiar automáticamente las operaciones. Por lo general, implica una comunidad social y una tabla de clasificación. Muchos bots de comercio de criptomonedas también permiten a los comerciantes copiar a otros con sólo un clic del ratón.

Comercio de bots de criptomonedas y declaración de impuestos

Usted puede presentar los impuestos para el comercio de criptomonedas simplemente importando las operaciones de un intercambio a su software de impuestos. Idealmente, usted tiene que saber cuántas operaciones haría el bot de comercio. Tenga en cuenta que los que tienen una alta frecuencia pueden hacer múltiples operaciones en un día. Esto puede dar lugar a miles de transacciones. Por otra parte, muchas de estas herramientas pueden manejar el comercio en el plan de impuestos cryptocurrency.

Cómo crear su propio bot de comercio de criptomonedas

Es posible crear su propio bot de comercio de criptomonedas. Sólo tiene que realizar los siguientes pasos:

d. Backtesting

Antes de empezar a operar, tiene que hacer un backtest de sus robots de trading contra los datos históricos del mercado. Asegúrese de realizar las pruebas de backtest de la forma más realista posible. Puede tener en cuenta el deslizamiento, las comisiones de negociación y la latencia. No Se olvide de acceder a la clave de la API de la bolsa para recoger datos de alta calidad del mercado.

e. Aplicación de la estrategia

En este paso, tiene que especificar los cálculos que permitirán a su bot determinar qué y cuándo operar. Cuando haya terminado de crear su estrategia, tiene que hacer un backtest para saber cómo se comporta.

f. Ejecución

En esta etapa, la lógica se puede convertir en una solicitud de clave API que la bolsa de criptomonedas puede comprender. Muchos bots permiten a sus usuarios simular estrategias utilizando dinero falso.

g. Planificador de trabajos

Por último, puede automatizar todo el proceso configurando su planificador de trabajos y ejecutando su estrategia de negociación.

Más consejos para operar con criptomonedas

1. Haga que el acceso de su bot de comercio de criptodivisas se limite a la mera escritura de órdenes de venta en la bolsa. No debe ser capaz de retirar su dinero o tener cualquier acceso no autorizado a la API.

2. Tener una capa adicional de seguridad mediante la limitación de las direcciones IP de su bot de comercio de criptomoneda.

3. Asegúrese de tener un saldo amplio en las bolsas de criptomonedas en las que opera.

4. Elija tratar con intercambios de criptodivisas de buena reputación que ya han sido probados para ofrecer excelentes características de seguridad. Seguramente, no querrá que el intercambio que está utilizando sea hackeado.

5. Tenga en cuenta que los bots de criptomonedas no imprimen dinero. Por lo tanto, usted todavía tiene que ajustar constantemente para que se mantenga

en sincronía con los mercados financieros.

6. Descargue e instale la versión de la aplicación móvil de su bot de comercio de criptomonedas. De esta manera, usted será capaz de monitorear sus señales y operaciones, incluso mientras que en el camino.

Los mejores bots y software de comercio de criptomonedas disponibles en la actualidad

Si es nuevo en el comercio de criptomonedas y se pregunta qué software de comercio o bots utilizar, aquí están algunos de los mejores disponibles en el mercado hoy en día, sin ningún orden en particular:

a. Pionex

Si usted está en busca de un buen software de comercio libre, entonces usted tiene que considerar seriamente este. Pionex es en realidad uno de los primeros intercambios para tener doce robots de comercio libre en el mundo. Su licencia también es aprobado por los Estados Unidos FinCEN Money Services Business (MSB).

Puede utilizarlo para automatizar sus operaciones las veinticuatro horas del día, los siete días de la semana, sin tener que estar pendiente de los mercados financieros. También es uno de los mayores brokers de Binance, y agrega liquidez de Huobi Global y Binance.

Y lo que es mejor, tiene características notables que seguramente encontrará útiles. Además de los bots de negociación gratuitos que gustan a los inversores minoristas, también tiene una comisión de negociación muy baja. Con sólo un 0,05% de comisión de negociación para el tomador y el creador, es realmente la más baja, teniendo en cuenta que las principales bolsas tienden a tener altas comisiones de negociación.

El Leveraged Grid Bot ofrece un apalancamiento de hasta cinco veces, mientras que el Grid Trading Bot permite a los usuarios vender alto y comprar bajo en un rango de precios específico. El Spot-Futures Arbitrage Bot permite a los inversores minoristas obtener un ingreso pasivo con un riesgo menor, mientras que el Smart Trade Terminal permite a los operadores establecer un stop-loss y tomar ganancias en una sola operación.

b. Cryptohopper

Este es otro buen bot de comercio de criptodivisas aún libre. Puede ayudarle a gestionar todas sus cuentas de intercambio de criptodivisas y mantenerlas en un solo lugar. También le permitirá comerciar con Bitcoin, Ethereum y Litecoin, entre otros.

Una de las mejores cosas de este bot de trading es que permite a los usuarios crear sus propios análisis técnicos. También proporciona plantillas, así como informes de rendimiento en tiempo real. Usted puede encontrar rápidamente las estrategias y usted no tendrá un tiempo difícil de usar este robot de comercio, ya que tiene una interfaz fácil de usar. Por lo tanto, incluso si usted no es experto en tecnología, usted será capaz de moverse con facilidad.

Además, Cryptohopper cuenta con aplicaciones para Android e iOS. También cuenta con algoritmos que soportan RSI, EMA y BB entre otras señales e indicadores. Y lo que es más, puede estar seguro de que su cuenta permanecerá protegida por protocolos seguros y sus datos se mantendrán privados.

c. Trality

Esta plataforma es para los usuarios que desean beneficiarse del comercio algorítmico de criptomonedas sin tener que abandonar su trabajo diario. Cuenta con herramientas de alta calidad que pueden ayudarle a crear algoritmos creativos e intrincados dentro de una infraestructura educativa y dirigida por la comunidad que también promueve el desarrollo y el aprendizaje de los operadores.

Las características más notables de Trality incluyen estrategias predefinidas y curadas, un módulo de backtesting ultrarrápido y un comercio en vivo basado en la nube en el que los algoritmos pueden funcionar durante veinticuatro horas al día, siete días a la semana. Esto le ayudará a supervisar sus operaciones y a no perder ninguna.

Los principiantes pueden aprovechar la interfaz gráfica de arrastrar y soltar. Para los comerciantes avanzados que están en la programación de Python, pueden aprovechar el editor de código en el navegador. Trality está disponible de forma gratuita. Sus intercambios incluyen Kraken, Binance, Bitpanda, y Coinbase Pro.

d. Cuadrangular

Es una aplicación para la gestión de activos digitales. Proporciona soluciones de comercio automatizadas para los comerciantes minoristas y los comerciantes institucionales. También agiliza el proceso de inversión en criptodivisas.

Con Quadency, puede personalizar fácilmente los bots. De hecho, tiene una gran variedad de bots comerciales que puede personalizar según sus preferencias. También cuenta con un servicio de atención al cliente fiable. Por lo tanto, cada vez que necesite asistencia u orientación, simplemente puede ponerse en contacto con ellos.

Además, esta aplicación ofrece un gráfico avanzado de TradingView, así como varias herramientas automatizadas. Es compatible con el comercio automatizado, y permite a los comerciantes para el comercio en Kucoin, Bittrex, y Binance entre otros intercambios. También está disponible de forma gratuita, por lo que no tiene que gastar más en este software.

e. 3Commas

Por sólo $14.50, usted puede obtener acceso a 3Commas, que se encuentra entre los mejores bots de comercio de criptomonedas que permiten a los usuarios reducir sus riesgos y pérdidas, así como aumentar sus ingresos. Esta aplicación le ayudará a ganar enormes ganancias con poco esfuerzo. También le ayudará a crear buenas estrategias basadas en sus numerosos indicadores de comercio.

Con esta plataforma, puede comprar y vender monedas en una sola ventana. También puede operar durante veinticuatro horas diarias. Incluso puede copiar la configuración de otros bots, así como equilibrar su cartera manteniendo la proporción de monedas.

Además, le permite recibir notificaciones de ofertas en su correo electrónico, teléfono y navegador. De hecho, está disponible tanto para Android como para iOS. Es compatible con el promedio del costo del dólar, la señal personalizada de TradingView, las señales y el backtesting, entre otros.

f. Bitsgap

Se encuentra entre los mejores bots de trading más recomendados para la gestión de activos de criptodivisas. Permite a los usuarios analizar más de diez mil pares de criptodivisas, así como detectar las monedas con el potencial más corto. Además, permite a los operadores crear sus propias estrategias con facilidad y comodidad.

Por 19 dólares al mes, puede ver sus operaciones en un gráfico y probar la configuración antes de invertir. También puede acceder a este software de comercio incluso sin descargarlo. Está totalmente automatizado y funciona durante veinticuatro horas al día, siete días a la semana. Mantiene los fondos en el balance de la bolsa por razones de seguridad. También le ayudará a maximizar su potencial de ganancias.

g. Zignaly

Esta plataforma de negociación es gratuita y está disponible durante veinticuatro horas al día, siete días a la semana. Tiene una minería integrada Hamster, que es un servicio de monitoreo del mercado de criptomonedas. También tiene señales de calidad de criptodivisas que pueden ayudarle en gran medida con el comercio.

Puede utilizar Zignaly para cualquier instalación. Almacenará sus monedas en la bolsa y le permitirá dividir los objetivos de beneficios. También le permitirá comprobar los resultados de cada posición. Además, le permitirá operar en KuCoin y Binance.

h. Camarones

Es una plataforma de trading social creada específicamente para las criptomonedas. Cuenta con estrategias de trading automatizadas que pueden ayudarle a reducir sus riesgos y mejorar su rendimiento. También puede ayudarle a crear estrategias de cartera eficaces, a supervisar los mercados financieros y a hacer un seguimiento de su rendimiento.

Y lo que es mejor, es gratuito. Por lo tanto, es muy recomendable para los comerciantes principiantes que están apretados en el presupuesto. Tiene una clave API encriptada de forma segura que se almacena utilizando los Estándares

Federales de Procesamiento de Información (FIPS) 140-2.

Cuenta con un panel de control que muestra las estadísticas relativas a las métricas de rendimiento y los activos de una cartera. Le ayudará a simplificar la gestión de la cartera y le permitirá ver el precio del mercado en directo.

i. Coinrule

Esta plataforma de comercio automatizado permite operar a través de Kraken, Binance y Coinbase Pro, entre otros intercambios. Ofrece más de ciento treinta plantillas para crear estrategias de trading.

Además, cuenta con un servicio de atención al cliente en tiempo real, por lo que podrá obtener fácilmente información o recibir asistencia siempre que sea necesario. También le permitirá probar el rendimiento de las reglas con datos anteriores, así como establecer reglas de negociación personalizadas. Además, sus indicadores de mercado le permitirán asignar fondos fácilmente.

Con Coinrule, no tiene que preocuparse por los pagos mensuales ya que está disponible de forma gratuita. Puede utilizarlo durante veinticuatro horas al día, siete días a la semana. También ofrece encriptación de grado militar, por lo que puede estar seguro de que su comercio será seguro y protegido.

j. Comercio Santa

Es otro software de comercio libre pero bueno. Este robot de comercio de criptomoneda le permitirá gestionar los riesgos con facilidad. Le permitirá seleccionar qué estrategias van bien con su estilo de comercio. De esta manera, usted puede establecer fácilmente las cantidades de beneficio objetivo y cerrar las operaciones en el momento adecuado.

Con Trade Santa, puede utilizar estrategias largas y cortas. Puede crear sus propias estrategias utilizando sus plantillas preestablecidas. También puede vender o comprar grandes volúmenes de criptodivisas sin ninguna molestia. Incluso puede seguir sus operaciones en tiempo real.

Si alguna vez necesita ayuda, puede ponerse en contacto con su servicio de atención al cliente para obtener una asistencia rápida. El servicio de atención al cliente está disponible durante veinticuatro horas al día, siete días a la semana. Trade Santa puede utilizarse para operar en Huobi, Upbit, HitBTC, Binance, Bittrex y Bitfinex.

k. Tráiler de beneficios

Esta plataforma de comercio cuesta 36,46 dólares. Permite a los operadores operar con

213

criptodivisas con facilidad. Tiene un panel de control intuitivo que le mostrará una visión completa de su comercio. También le permitirá personalizar sus estrategias al comprar criptodivisas.

Con Profit Trailer, puede comprar y vender múltiples criptodivisas. Puede estar seguro de que su liquidez estará protegida. También podrá ver las posibles operaciones, así como ver sus ventas con facilidad. Puede utilizar este software para operar en Bittrex, Binance, KuCoin, Bybit, Coinbase, BitMEX, y Huobi entre otros.

l. NapBots

Se trata de un sistema basado en la nube que permite a los operadores utilizar bots de negociación automatizados. De este modo, pueden comprar y vender fácilmente órdenes que se ejecutan automáticamente. Es compatible con una gran variedad de bolsas, como Binance, Bitmex y Okex, entre otras.

Por 8,51 dólares, podrá disponer de un entorno de trading seguro con más de quince estrategias de trading. Podrá gestionar sus ahorros fácilmente, utilizar su teléfono móvil para seguir el rendimiento de sus inversiones y utilizar la clave API para mantener su dinero a salvo.

m. Kryll.io

Es un excelente bot de comercio que permite a los comerciantes a desarrollar buenas estrategias, incluso si no son expertos. Se conecta directamente a los intercambios incluso sin un derecho de aprobación de la API. También se puede utilizar en los teléfonos inteligentes y tabletas, por lo que puede operar en cualquier momento y en cualquier lugar.

Con este bot de trading, puede hacer tantos backtests como quieras. Usted puede rápida y fácilmente configurar su estrategia de negociación, así como realizar análisis técnicos. También le puede gustar el editor de arrastrar y soltar, así como la disponibilidad 24/7 de este robot de comercio. Lo mejor, es que está disponible de forma gratuita. Por lo tanto, usted no tiene que preocuparse por los cargos adicionales.

n. Mudrex

Es un excelente bot de comercio que permite a los comerciantes crear estrategias con facilidad y comodidad. También permite a los comerciantes para averiguar sus malas y buenas inversiones, así como les permiten elegir entre los riesgos y las recompensas que se adaptan a sus necesidades.

Mudrex se puede adquirir de forma gratuita. Puede utilizarlo para operar en Binance, Bybit,

Deribit, Coinbase Pro y OKEX
BitMEX. Tiene una interfaz
intuitiva, así como datos
históricos para probar la
estrategia. Puede ayudarle a
maximizar el rendimiento de su
inversión.

o. Haasonline

Esta plataforma de negociación le
permitirá operar con más de
dieciséis bots. Podrá aprovechar
los numerosos indicadores
técnicos, seguros y seguros, que
también podrá utilizar para
desarrollar complejas estrategias
de trading.

Esta plataforma de trading ofrece
bots de script que son
programables y están escritos en
C3. También ofrece un tutorial
para que los operadores puedan
entender mejor la plataforma.
Además, tiene un panel de
control que puede personalizar.
También puede utilizarla para
integrar el backtesting con la
aplicación Discord y Telegram.

p. HodlBot

Por 3 dólares al mes, puede crear fácilmente su propia cartera personalizada con más de trescientas cincuenta monedas utilizando este software de comercio de Bitcoin. Tiene una interfaz fácil de usar que seguramente encontrará fácil de comprender.

Este bot de comercio de Binance realmente encripta los datos con el uso de SHA 256. Permite a los comerciantes para reequilibrar su cartera y realizar la indexación de comercialización con más comodidad. También protege las claves de la API de las personas que no tienen acceso autorizado, así como mantiene automáticamente las carteras de los comerciantes en la pista.

q. Gunbot

Este robot de comercio es personalizable y fácil de usar. Es compatible con más de cien intercambios. También permite a los operadores personalizar sus estrategias de negociación y desarrollar instancias ilimitadas del bot.

Puede contar con Gunbot para apoyar el comercio automatizado y producir resultados consistentes. Proporciona actualizaciones gratuitas sin necesidad de suscripción. También permite a los operadores generar beneficios mediante la ejecución de sus estrategias de trading.

Usted puede utilizar este bot de comercio en Binance, Coinex, Kraken, Bitmex, KuCoin, Coinbase Pro, OK Coin, Huobi Global, y Bitstamp entre otros intercambios de comercio de criptomonedas.

Capítulo 15: Las mejores bolsas para operar con criptomonedas

Cuando empiece a operar con criptodivisas, puede que se sienta intimidado. También es posible que se desanime cuando vea noticias sobre estrategias fallidas y estafas. Sin embargo, al igual que cualquier otra empresa, el comercio de criptomonedas tiene sus propios altibajos. Si está realmente decidido a tener éxito en el comercio de criptodivisas, debe hacer todo lo posible.

Esto incluye hacer una amplia investigación y aprender todo lo que pueda sobre las estrategias de negociación. También hay que estar al día de las tendencias y noticias más recientes. Y lo que es más, tiene que mantenerse al día con los avances de la tecnología. Al fin y al cabo, la tecnología evoluciona rápidamente.

De todos modos, una de las mayores preocupaciones a la hora de comprar y comerciar con criptodivisas como el Bitcoin es la seguridad. Tanto si planea comprar y mantener a largo plazo, como si le interesa la privacidad o el anonimato, prefiere la facilidad de uso o quiere operar más a menudo, debe tener en cuenta los mejores exchanges para operar con criptodivisas.

Los diferentes tipos de intercambios de criptodivisas

Antes de que pueda seleccionar el mejor intercambio de criptomonedas para sus necesidades de comercio, tiene que entender completamente los diferentes tipos disponibles. Estos son los siguientes:

Intercambio centralizado

Este tipo de intercambio de criptodivisas incluye a Binance, Gemini, Coinbase y Kraken, que son empresas privadas que permiten a los comerciantes participar en el comercio de criptodivisas. Estos intercambios requieren la identificación y el registro o lo que es más comúnmente conocido como la regla de

Conozca a su Cliente o Conozca a su Cliente.

Además, estos intercambios tienen altos volúmenes, liquidez y comercio activo. Por otra parte, los intercambios centralizados no están en línea con la filosofía de Bitcoin. Tienen sus propios servidores privados que crean un vector de ataque. Si estos servidores se ven comprometidos, todo el sistema puede cerrarse durante un cierto periodo de tiempo. Peor aún, la información sensible de los usuarios puede ser liberada.

Para la mayoría de los principiantes, las bolsas centralizadas más populares y grandes son la rampa de acceso más fácil. También ofrecen un nivel de seguro en caso de que sus sistemas fallen. Aunque esto es cierto, si la criptodivisa se compra en uno de estos intercambios, no se almacena en su cartera digital. En su lugar, se traslada a sus carteras de custodia. Esto sucede incluso si usted tiene las claves de su cartera.

Además, este seguro sólo se aplica si las centrales son culpables. Por lo tanto, si su cuenta y su ordenador se ven comprometidos o son pirateados, no podrá beneficiarse del seguro. Sus fondos se perderán y será toda su responsabilidad. Por eso, tiene que retirar su dinero si alcanza una gran suma. También tiene que almacenar su dinero digital adecuadamente.

Intercambio descentralizado

Este tipo de intercambio de criptodivisas funciona de la misma manera que el Bitcoin. No tiene ningún punto central de control. Se puede considerar como algo parecido a un servidor, excepto que cada ordenador de este servidor está repartido por todo el mundo.

Además, cada uno de estos ordenadores está controlado por una persona concreta. Por lo tanto, si uno de ellos se apaga, toda la red no se verá afectada. Al fin y al cabo, todavía hay muchos otros ordenadores que siguen haciendo funcionar la red.

Esta configuración es muy diferente a la de una empresa que controla un servidor en un solo lugar. Es mucho más difícil atacar algo que está descentralizado y extendido de esta manera. Por lo tanto, no es probable que estos ataques sean realistas y tengan éxito.

Debido a esta descentralización, estas bolsas no están sujetas a las normas de un organismo regulador. Ningún grupo o individuo específico dirige los sistemas. Los que deciden participar simplemente van y vienen.

Por lo tanto, el organismo regulador o el gobierno no pueden perseguir de forma realista a un grupo o individuo concreto. Los que operan en la plataforma no están obligados a declarar su identificación. También son libres de operar cuando y como quieran.

Las mejores bolsas para el comercio de criptomonedas

Ahora que ya ha aprendido mucho sobre la criptodivisa y el comercio de criptodivisas, probablemente se esté preguntando qué intercambios son los mejores. Los siguientes son algunos de los intercambios más recomendados por los comerciantes de criptomoneda. Se consideran seguros, de alta calidad y fáciles de usar.

Coinbase y Coinbase Pro

Coinbase es el intercambio de criptodivisas más popular en los Estados Unidos. Es una buena compra por menos de 3 dólares. Tiene licencia y está completamente regulada. De hecho, tiene licencia para operar en más de cuarenta estados del país.

Sus ventajas incluyen una alta liquidez, una interfaz fácil de usar y muchas opciones diferentes de altcoins. Sus desventajas incluyen la falta de control en las claves de la cartera, las altas tarifas asociadas cuando no se utiliza la versión Pro, y menos opciones de comercio para altcoins en comparación con otras bolsas de criptomonedas.

Coinbase es muy fácil de usar, por lo que es ideal para los operadores que desean entrar en los mercados financieros pero no tienen muchos fondos o experiencia. Incluso dispone de carteras de custodia aseguradas que los operadores e inversores pueden utilizar para guardar sus inversiones. Sin embargo, Coinbase conserva la propiedad de las claves privadas. Por lo tanto, no puede ser dueño de las claves que utilizas.

Si cree que está preparado para pasar de la versión estándar de Coinbase, puede optar por Coinbase Pro. Ofrece más opciones en términos de indicadores y gráficos. Es ideal para los operadores que quieren operar en una bolsa más avanzada pero fácil de usar.

Aplicación de efectivo

Está considerada como la mejor bolsa de comercio para los operadores principiantes. En realidad, es un sistema de transferencia de divisas entre pares que permite a los usuarios comprar en línea, pagar el alquiler e incluso dividir las facturas de la compra. Es muy cómodo, incluso permite a los usuarios tener una tarjeta de débito y utilizarla como una cuenta bancaria.

Sin embargo, cobra una comisión de servicio por cada transacción. Asimismo, cobra una comisión basada en la volatilidad de los precios. Estas tarifas cambian en función de la actividad del mercado. Se puede utilizar para retirar Bitcoin, pero no cualquier otra criptodivisa. Desgraciadamente, sólo atiende a Bitcoins.

Además, sólo puede retirar hasta 5.000 Bitcoins cada siete días y 2.000 Bitcoins cada veinticuatro horas. También cobra un tres por ciento por la transferencia de dinero a través de tarjetas de crédito vinculadas.

Binance

Este intercambio se considera la mejor opción para los operadores de altcoin. Sus tarifas son del 0,1% para el lado del creador y del 0,1% para el lado del tomador. Por lo tanto, para ambas partes, esto se reduce al 0,02% del volumen de operaciones. Las comisiones pueden reducirse en un 25% utilizando BNB, la criptodivisa nativa de Binance.

Con esta plataforma de comercio, puede elegir entre más de cien pares de comercio entre varias criptodivisas. Además, puede elegir entre pares de monedas fiduciarias y criptodivisas.

Lo mejor de esta bolsa es que cuenta con un sistema de gráficos avanzados, bajas comisiones y una amplia gama de pares de negociación. Por otra parte, esta bolsa es también más ideal para los comerciantes experimentados. Además, no admite ciertos estados, como Nueva York.

Sin embargo, Binance puede ser una buena opción si quiere invertir o comerciar en altcoins menos populares. También es ideal si prefiere utilizar un gráfico más avanzado en comparación con el de otras bolsas.

Bisq

Se considera el intercambio descentralizado más ideal. Sus tarifas de negociación se pueden pagar utilizando su propia criptomoneda, que es BSQ, o Bitcoin. Si elige pagar a través de Bitcoin, se incurrirá en un 0,70% en el lado del tomador y un 0,10% en el lado del creador. Si eliges pagar con BSQ, el 0,35% será para el comprador y el 0,05% para el vendedor.

Algunas de las ventajas de utilizar esta bolsa son las aplicaciones móviles tanto para iOS como para Android, treinta opciones de pago diferentes y una plataforma descentralizada sin necesidad de conocer al cliente. Por el contrario, algunos de los inconvenientes del uso de esta bolsa son la lentitud de las transacciones y el bajo volumen de operaciones. Además, no está hecha para el comercio activo.

Conclusión:

Gracias de nuevo por descargar este libro.

Espero que este libro haya podido ayudarle a aprender sobre las criptomonedas y el comercio de criptomonedas. Espero que haya podido aprender todo lo que necesita aprender como principiante y que haya podido finalmente comenzar a operar en los mercados de criptodivisas.

2021 es un gran año para el comercio y las inversiones en criptodivisas. De hecho, el mejor momento para empezar a operar con criptodivisas es ahora. La tecnología sigue avanzando y el mundo sigue evolucionando. Por lo tanto, usted debe tomar ventaja de las cosas que ha aprendido de este libro y comenzar su viaje hacia una carrera de comercio.

El siguiente paso es aplicar lo que ha aprendido en este libro. Asegúrese de que también comparte sus nuevos conocimientos con las personas que le importan.

Por último, si le ha gustado este libro, tómese el tiempo de compartir sus opiniones y publicar una reseña. Se lo agradeceremos mucho.

Gracias.

www.ingramcontent.com/pod-product-compliance
Lightning Source LLC
Chambersburg PA
CBHW071555210326
41597CB00019B/3259